电子商务
项目策划与原型设计

董随东　任桂玲　主　编
孙　颖　代　华　董淑玲　副主编

清华大学出版社
北京

内 容 简 介

一个电子商务项目的成败，很大程度取决于项目早期的策划工作是否考虑全面。通过制作高保真原型可以将策划内容真实地展示在用户面前，有利于开发团队多次研讨修改，实现最优的设计效果。

本书由有着丰富电子商务项目建设经验的一流专家团队编写，详细介绍了电子商务项目策划和原型制作的过程，包括电子商务策划基础、电子商务项目与思维导图、电子商务项目草图制作、电子商务项目交互设计。同时针对电子商务项目策划的基础知识和发展做了讲解。本书共分为5章，带领读者完成商业项目高保真原型的制作，在案例制作过程中体会行业知识和软件知识。

另外，本书赠送案例源文件、制作案例素材、课件以及习题答案，以方便读者学习和教师授课，读者可根据个人需求下载使用。

本书实例丰富、讲解细致，注重激发读者兴趣和培养动手能力，适合电子商务策划和设计方面的从业人员学习与参考，也可用于电子商务及相关专业教材。

图书在版编目（CIP）数据

电子商务项目策划与原型设计 / 董随东，任桂玲主编. —北京：清华大学出版社，2020.11
ISBN 978-7-302-56291-7

Ⅰ. ①电… Ⅱ. ①董… ②任… Ⅲ. ①电子商务－项目管理 Ⅳ. ①F713.36

中国版本图书馆CIP数据核字（2020）第153068号

责任编辑：张　敏
封面设计：杨玉兰
责任校对：胡伟民
责任印制：杨　艳

出版发行：清华大学出版社
　　　　　网　　　址：http://www.tup.com.cn，http://www.wqbook.com
　　　　　地　　　址：北京清华大学学研大厦A座　　　邮　　编：100084
　　　　　社 总 机：010-62770175　　　　　邮　　购：010-83470235
　　　　　投稿与读者服务：010-62776969，c-service@tup.tsinghua.edu.cn
　　　　　质量反馈：010-62772015，zhiliang@tup.tsinghua.edu.cn
印 装 者：小森印刷（北京）有限公司
经　　销：全国新华书店
开　　本：170mm×240mm　　　印　　张：14.25　　字　　数：350千字
版　　次：2020年12月第1版　　　印　　次：2020年12月第1次印刷
定　　价：79.80元

产品编号：087725-01

前　言

在电子商务项目开始之初，可以使用思维导图将项目的基本构想罗列出来，充分考虑各种情况后完成高保真原型的制作。整个过程能够对项目中的每一个元素进行调试并确保它们能够如同预期一样运作，这是相当重要的步骤，也是一个成功电子商务项目的必经之路。

本书章节安排

本书内容浅显易懂，简明扼要，由浅入深，详细地讲述了电子商务项目的策划与原型制作。其中的知识点都通过实例的方式讲解，帮助读者边制作边理解，使得学习过程中不再枯燥乏味。本书章节安排如下：

第 1 章　电子商务项目策划基础，主要介绍了电子商务项目的策划基础，包括电子商务分类和项目特点、电子商务的人才与岗位、电子商务项目的开发流程、电子商务项目的需求分析；设计制作了 3 个案例，分别是确定创意家居 App 目标用户、打造创意家居 App 品牌和完成创意家居 App 项目策划书。

第 2 章　电子商务项目与思维导图，重点介绍了电子商务项目中思维导图的应用技巧，包括了解思维导图、思维导图的操作流程、思维导图软件介绍和思维导图的基本类型；设计制作了 3 个案例，分别是绘制 App 会员系统思维导图、绘制 App 购物系统思维导图和绘制 App 设计师系统思维导图。

第 3 章　电子商务项目草图制作，主要介绍了草图对电子商务项目策划的影响，包括了解草图的概念、了解草图的特点、草图功能的表现、草图常见的表现形式、电子商务页面布局和电子商务页面设计规则；设计制作了 3 个案例，分别是设计制作 App 启动页面草图、设计制作 App 会员系统草图和设计制作 App 设计师系统草图。

第 4 章　电子商务项目原型设计，重点讲解电子商务项目原型制作的相关知识，包括了解原型设计、原型的表现手法、原型设计的重要性、原型制作与用户体验；设计制作了 3 个案例，分别是设计制作 App 启动页面、设计制作 App 会员页面和设计制作 App 购物页面。

第 5 章　电子商务项目交互设计，主要介绍了交互设计在原型设计中的应用。包括交互设计的概念、电子商务中的交互设计、交互设计对用户体验的影响和电子商务的交互逻辑；设计制作了 3 个案例，分别是为 App 原型添加页面交互、为 App 原型添加会员交互和为 App 原型添加购物交互。

本书特点

全书内容丰富、条理清晰，向读者全面、系统地介绍电子商务项目策划的知识，以及如何使用 Axure RP 9 制作高保真原型的方法和技巧，采用理论知识和实例相结合的方法，使知识融会贯通。

- 语言通俗易懂，精美实例图文同步，涉及大量案例制作，丰富的知识讲解帮助读者深入了解电子商务项目策划工作的流程和要求。
- 实例涉及面广，几乎涵盖了电子商务项目策划中的所有流程，每个流程都通过任务描述对案例进行详解和任务实施对案例进行操作练习，帮助读者掌握电子商务项目策划的知识点。
- 本书采用案例引入法讲解，着重讲解制作电子商务产品原型时软件工具的使用方法以及任务制作技巧的归纳总结，知识点和任务的讲解过程中穿插了软件操作和知识点提示等，使读者更好地对知识点进行归纳吸收。
- 每一个案例的制作过程，都配有相关视频教程和素材，步骤详细，使读者轻松掌握。

赠送资源包

本书赠送资源包包括案例源文件、制作案例素材、PPT 课件以及习题答案，以方便读者学习和教师授课。用户可根据个人需求扫描下方二维码下载使用。

案例源文件　　　　　　制作案例素材　　　　　　PPT 课件　　　　　　习题答案

关于本书作者

本书由董随东、任桂玲任主编，孙颖、代华、董淑玲任副主编。在本书的写作过程中力求严谨，但由于时间有限，疏漏之处在所难免，望广大读者批评指正。

编　者

目 录

第1章　电子商务项目策划基础——确定目标用户及品牌调性 ……………… 001

　1.1　电子商务分类和项目特点 ………………………………………………… 001

　　1.1.1　了解电子商务平台的分类 …………………………………………… 002

　　1.1.2　电子商务项目的特点 ………………………………………………… 004

　1.2　电子商务的人才与岗位 …………………………………………………… 005

　　1.2.1　电子商务人才类型 …………………………………………………… 005

　　1.2.2　电子商务岗位分析 …………………………………………………… 006

　1.3　电子商务项目的开发流程 ………………………………………………… 007

　1.4　电子商务项目的需求分析 ………………………………………………… 008

　　1.4.1　企业业务分析 ………………………………………………………… 009

　　1.4.2　市场分析 ……………………………………………………………… 009

　　1.4.3　竞争对手分析 ………………………………………………………… 010

　1.5　任务一——确定创意家居 App 目标用户 ………………………………… 012

　　1.5.1　任务描述——掌握用户画像分析法 ………………………………… 012

　　1.5.2　技术引进——掌握用户访谈法 ……………………………………… 014

　　　※ 课堂练习　小户型沙发床用户画像 …………………………………… 015

　　1.5.3　任务实施——收集用户对家居 App 的操作体验 …………………… 016

　　　※ 举一反三　绘制自己店铺用户画像 …………………………………… 018

　1.6　任务二——打造创意家居 App 品牌 ……………………………………… 018

　　1.6.1　任务描述——了解品牌的调性 ……………………………………… 019

　　1.6.2　技术引进——视觉锤和语言钉的运用 ……………………………… 020

　　　※ 课堂练习　区分非语言信息和语言信息 ……………………………… 022

1.6.3　任务实施——分析成功运用视觉锤和语言钉的品牌 023

　　　※ 举一反三　理解视觉锤的强弱 024

1.7　任务三——完成创意家居 App 项目策划书 024

1.7.1　任务描述——电子商务项目策划原则 024

1.7.2　技术引进——网站策划书编写标准 026

　　　※ 课堂练习　提炼电子商务项目策划书大纲 026

1.7.3　任务实施——完成创意家居 App 策划书 027

　　　※ 举一反三　完成体育经营 App 项目策划书 029

1.8　本章小结 029

1.9　课后习题 029

1.9.1　选择题 029

1.9.2　填空题 030

1.10　创新实操 030

第 2 章　电子商务项目与思维导图——将大脑思维形象化 031

2.1　了解思维导图 031

2.1.1　思维导图的设计依据 032

2.1.2　思维导图的特征 032

2.1.3　思维导图的作用 033

2.2　思维导图的操作流程 034

2.3　思维导图软件简介 036

2.3.1　MindMeister 036

2.3.2　XMind 036

2.3.3　MindManager 037

2.4　思维导图的基本类型 037

2.5　任务一——绘制 App 会员系统思维导图 040

2.5.1　任务描述——了解 App 会员系统 040

2.5.2　技术引进——XMind ZEN 2020 初探 041

　　　※ 课堂练习　安装并使用 XMind ZEN 2020 042

2.5.3　任务实施——绘制创意家居 App 会员系统思维导图 044

　　　※ 举一反三　思维导图的关键词规则 047

2.6 任务二——绘制 App 购物系统思维导图 048

   2.6.1 任务描述——了解 App 购物系统 048

   2.6.2 技术引进——使用快捷键绘制思维导图 049

     ※ 课堂练习 自定义快捷键 051

   2.6.3 任务实施——绘制创意家居 App 购物系统思维导图 052

     ※ 举一反三 思维导图的线条使用规则 054

2.7 任务三——绘制 App 设计师系统思维导图 055

   2.7.1 任务描述——色彩对思维导图的影响 055

   2.7.2 技术引进——思维导图的格式化 056

     ※ 课堂练习 格式化思维导图 058

     ※ 任务实施 绘制创意家居设计师系统思维导图 060

     ※ 举一反三 思维导图的图标使用规则 061

2.8 本章小结 062

2.9 课后习题 062

   2.9.1 选择题 062

   2.9.2 填空题 063

2.10 创新实操 063

第3章 电子商务项目草图制作——使用草图确定项目内容和布局 064

3.1 了解草图的概念 064

3.2 了解草图的特点 066

3.3 草图功能的表现 067

   3.3.1 表达设计师的构想 067

   3.3.2 便于与客户沟通 067

   3.3.3 便于团队之间交流 068

3.4 草图常见的表现形式 070

   3.4.1 构思草图 070

   3.4.2 设计草图 071

3.5 电子商务页面布局 072

   3.5.1 页面结构 072

   3.5.2 导航设置 073

3.6　电子商务页面设计规则 074

3.7　任务一——设计制作 App 启动页面草图 076

　　3.7.1　任务描述——了解 App 启动界面 076

　　3.7.2　技术引进——Axure RP 9 初探 076

　　　　※ 课堂练习　安装 Axure RP 9 079

　　3.7.3　任务实施——制作创意家居 App 启动页面草图 084

　　　　※ 举一反三　新建 iOS 系统页面 087

3.8　任务二——设计制作 App 会员系统草图 089

　　3.8.1　任务描述——会员系统页面的组成 089

　　3.8.2　技术引进——Axure RP 9 的页面设置 089

　　　　※ 课堂练习　创建并应用页面样式 094

　　3.8.3　任务实施——制作创意家居 App 会员系统草图 097

　　　　※ 举一反三　创建 Android 系统页面样式 100

3.9　任务三——设计制作 App 设计师系统草图 100

　　3.9.1　任务描述——设计师系统页面的组成 100

　　3.9.2　技术引进——Axure RP 9 的元件和元件库 101

　　　　※ 课堂练习　制作水平菜单 102

　　3.9.3　任务实施——制作创意家居 App 设计师系统草图 107

　　　　※ 举一反三　创建图标元件库 110

3.10　本章小结 111

3.11　课后习题 111

　　3.11.1　选择题 112

　　3.11.2　填空题 112

3.12　创新实操 112

第 4 章　电子商务项目原型设计——使用原型展示项目的界面 113

4.1　了解原型设计 113

　　4.1.1　什么是原型设计 113

　　4.1.2　原型设计的参与者 114

　　4.1.3　常见原型制作工具 114

4.2　原型的表现手法 116

4.2.1 草图 116

4.2.2 低保真 116

4.2.3 高保真 117

4.3 原型设计的重要性 118

4.3.1 完善和优化产品需求方案 119

4.3.2 便于评估产品需求 119

4.3.3 有效提升团队成员的沟通效率 120

4.4 原型制作与用户体验 120

4.4.1 用户体验方式 121

4.4.2 用户体验要素 122

4.4.3 用户体验的需求层次 124

4.5 任务一——设计制作 App 启动页面 124

4.5.1 任务描述——了解 App 启动页面 125

4.5.2 技术引进——设置元件的样式 125

　　※ 课堂练习　制作下画线效果 131

4.5.3 任务实施——设计制作创意家居启动页面 136

　　※ 举一反三　设计制作手机产业流程图 141

4.6 任务二——设计制作 App 会员页面 141

4.6.1 任务描述——了解会员系统的作用 141

4.6.2 技术引进——使用表单元件 142

　　※ 课堂练习　创建文本框 143

4.6.3 任务实施——设计制作创意家居会员页面 148

　　※ 举一反三　新建 iOS 系统布局母版 151

4.7 任务三——设计制作 App 购物页面 152

4.7.1 任务描述——了解购物系统的结构 153

4.7.2 技术引进——创建和管理样式 153

　　※ 课堂练习　创建并应用文本样式 155

4.7.3 任务实施——设计制作创建家居设计师页面 158

　　※ 举一反三　设计制作 iOS 系统功能图标 161

4.8 本章小结 162

4.9　课后习题...162

　　4.9.1　选择题...163

　　4.9.2　填空题...163

4.10　创新实操...163

第5章　电子商务项目交互设计——使用交互展示项目流程...............164

5.1　交互设计的概念...165

5.2　电子商务中的交互设计...165

　　5.2.1　可点击区域宜大不宜小...166

　　5.2.2　给用户的选项宜少不宜多...166

　　5.2.3　使用接近原则...168

　　5.2.4　使用防错性原则...168

　　5.2.5　选用最简捷设计...169

5.3　交互设计对用户体验的影响..170

　　5.3.1　快速找到目标商品...170

　　5.3.2　快速获取和理解信息...170

　　5.3.3　带动用户购物情绪...171

5.4　电子商务的交互逻辑...172

　　5.4.1　注册与登录中的交互设计...172

　　5.4.2　选择过程中的交互设计...173

　　5.4.3　结算过程中的交互设计...176

　　5.4.4　评价系统中的交互设计...177

5.5　任务一——为App原型添加页面交互..178

　　5.5.1　任务描述——为App添加页面导航交互............................178

　　5.5.2　技术引进——在Axure RP中添加页面交互.........................178

　　　※ 课堂练习　打开页面链接...180

　　5.5.3　任务实施——设计制作页面导航交互................................183

　　　※ 举一反三　为母版添加页面交互...190

5.6　任务二——为App原型添加会员交互..191

　　5.6.1　任务描述——添加元件交互效果......................................191

　　5.6.2　技术引进——在Axure RP中添加元件交互.........................191

※ 课堂练习　显示 / 隐藏图片 194

5.6.3　任务实施——设计制作注册 / 登录交互 199

※ 举一反三　制作 App 轮播图原型 201

5.7　任务三——为 App 原型添加购物交互 202

5.7.1　任务描述——利用动态面板添加交互效果 202

5.7.2　技术引进——动态面板的使用 203

※ 课堂练习　使用动态面板 206

5.7.3　任务实施——设计制作用户购物交互 208

※ 举一反三　制作动态按钮效果 213

5.8　本章小结 215

5.9　课后习题 215

5.9.1　选择题 215

5.9.2　填空题 215

5.10　创新实操 216

第1章

电子商务项目策划基础

——确定目标用户及品牌调性

    策划书是公司、企业或项目单位为了达到招商融资和其他发展目标的目的，在经过前期对项目科学地调研、分析、搜集与整理有关资料的基础上，根据一定的格式和内容的具体要求而编辑整理的一个向用户全面展示公司和项目目前状况、未来发展潜力的书面材料。

    本章将讲解电子商务行业中项目策划书的编写基础。一份好的项目策划书是一份全方位描述电子商务项目发展的文件，是项目经营者素质的体现，是企业拥有良好融资能力、实现跨越式发展的重要条件之一。

1.1　电子商务分类和项目特点

    电子商务项目是指企业为实现电子商务战略，在一定的期限内依托一定的资源而开展的一系列活动，如建立网站实现消费者网上购物、商户间网上交易和在线电子支付等。图 1-1 所示为一个电子商务网站首页。

图 1-1　电子商务网站首页

1.1.1　了解电子商务平台的分类

在开始建设电子商务平台之前，需要先了解目前电子商务平台的分类。目前，常见的电子商务平台主要包括 B2C、B2B、C2C 和 O2O 等几大类。

1. B2C——电子商务的主流形式

B2C 是英文 Business to Consumer 的缩写，即商家对消费者，表现形式就是零售类的电商平台。国内的天猫、京东，国外的亚马逊等耳熟能详的公司都属于这一类，如图 1-2 所示。它们占了整个电子商务市场的大半壁江山，电商巨头也多产于这里。线下实体店有的商品，这里都有，所以现在很多人都不经常去实体店买东西了。

图 1-2　B2C 网站天猫和亚马逊网站首页

2. B2B——互联网模式的批发或分销

B2B 是 Business to Business 的缩写，因为交易的双方都是商家性质，自然这类电商平台做的主要事情也就是商品的批发或分销了。很多情况下，卖家能够直接通过平台在生产厂家拿货，避免了多级中间商差价以及中转的物流成本，这就是电子商务的优势和魅力所在。

电商平台分类中的 B2B 平台其实比 B2C 类出现得更早，早期的有慧聪网、马可波罗、1688 等，不过现在前两个已经掉队，如图 1-3 所示。

图 1-3　B2B 网站 1688 和慧聪网首页

近几年来，随着跨境电商的大火，外贸领域的 B2B 平台也已出现，如阿里巴巴的速卖通、环球易购的环球华品网等。速卖通主要是第三方卖家做小额批发、品类全，但大多没有整个电商供应链的服务能力。环球华品主要是和国内的数万厂家对接以自营形式自建海外仓，为跨境电商卖家提供仓储及全球一件代发服务。应该说，它们各有优势。

3. C2C——个人之间的电子商务

C2C 是 Consumer to Consumer 的缩写。相信很多人都有过做淘宝店家的经历，淘宝就是 C2C 电商平台里最出名的代表，江湖人称"万能的淘宝"。国外比较出名的是eBay，每天都有几百万的商品在上面上架销售，而且是面向全球的整个市场，如图 1-4 所示。

图 1-4　C2C 网站淘宝和 eBay 网站首页

4. O2O——线上与线下的深入融合

如果说以前的电商平台模式大部分都是在冲击传统商业模式和传统企业，那么近几年出现的 Online to Offline，即 O2O 模式则给传统商业带来了强大的发展助力。在美团、口碑这些 O2O 电商平台，消费者可以直接在线上购买或预定，然后到线下实体店去消费，平台为店家带去了源源不断的客源，如图 1-5 所示。

除了按照交易双方分类外，还有其他几种分类方式。表 1-1 所示为按照平台所有权和终端平台分类；表 1-2所示为按照经营品类、销售地域和新兴电商平台分类。

图 1-5　O2O 网站美团和口碑 App 首页

表 1-1　按照平台所有权和终端平台分类

按平台所有权		按终端平台	
第三方平台	自建平台	PC 电商平台	移动电商平台
天猫、京东	唯品会、华为商城	淘宝	拼多多

表 1-2　按照经营品类、销售地域和新兴电商平台分类

按经营品类		按销售地域		新兴电商平台	
综合电商平台	全垂直电商平台	国内电商平台	跨境电商平台	内容电商平台	社交电商平台
京东淘宝	酒仙网盒马	淘宝	亚马逊、阿里速卖通、环球易购	小红书蘑菇街	拼多多小程序电商

1.1.2　电子商务项目的特点

电子商务项目是典型的一类项目，除具备一般项目的共同特征外，还具有 4 个特点。

1. 牵涉的角色多

在一般项目中，主要包括项目投资者和项目承建商两种角色。对电子商务项目来说，大型的项目所涉及的角色包括独立策划者、设计者和承建商，如图 1-6 所示。小型的项目中，策划者和设计者往往是一体的，或是独立实体，或是客户本身，或是项目承建商。在特殊的情况下，一个人也可以搞一个电子商务项目，自己出资、自己设计和执行，那么这个人自己就承担了双重角色，既是项目的客户又是项目的承建商。

2. 无形资产比重较大

一般建设项目执行的结果，往往是形成较大比例的固定资产，但电子商务项目需要在软件方面投入较大比重，其执行结果主要是形成无形的管理与服务能力，项目投资主要是形成无形资产而不是固定资产，这是电子商务项目和一般工程建设项目相比的另一个不同之处，如图 1-7 所示。

图 1-6　大型项目涉及角色　　　　　　图 1-7　一般项目与电子商务项目对比

3. 存在较大的风险

电子商务项目通常不是简单地将现有业务搬到网上运作，其实施将改变现有的业务流程，影响业务结构，不仅涉及技术问题，还涉及内部管理、外部渠道和同行竞争等多种因素，一旦失败很难弥补。

4. 生命周期较短

由于电子商务项目都需要以信息系统作为支撑，而信息技术生命周期短、项目使用到的计算机系统的更新换代快，因此一个电子商务项目不可能持续太长的时间，否则项目尚未建成，就要面临被淘汰的危险。

1.2 电子商务的人才与岗位

近年来，电子商务取得了迅猛的发展，与电子商务相关的岗位需求也日益增多。电子商务急需大量的电子商务专业人才。

1.2.1 电子商务人才类型

电子商务的迅猛发展，带动了电子商务人才的需求爆发。但是，学校培养的电子商务专业学生的就业率并不高。究其原因，高校培养的电子商务专业学生不能很好地满足电子商务岗位的需要，缺乏良好的职业技能，因而无法获得电子商务企业的青睐。

电子商务企业目前急需商务型、技术型、营销型、管理型和电子型 5 种人才，如图 1-8 所示。

图 1-8　电子商务企业急需人才类型

1. 商务型人才

在电子商务人才中，商务型人才占据着举足轻重的地位。商务型人才，对电子商务以及现代商务的各种活动都了如指掌，具备丰富的电子商务知识和熟练的操作技术，深谙电子商务的运行规律，极为熟悉电子商务的运作模式。

商务型人才作为复合型人才的一种，具有广阔的适用领域。商务型人才通常具有极为深厚的商务理论修养，能对各种常见的电子商务技术进行熟练的操作，并掌握基本的信息网络技术和计算机技术，能熟练地将商务知识应用到电子商务的实践之中，且能熟练操作电子商务的各种运作模式。另外，商务型人才也较为熟悉市场营销学以及消费心理学等各方面的知识。

2. 技术型人才

技术型人才应具备对网站的设计和开发能力，并熟悉对网页的动画设计，且能处理网站和数据库的日常维护，并了解和掌握各种网站的推广技术和营销手段，能对 CRM 和 ERP 进行熟练操作。

在电子商务中，技术型人才岗位需求量较大。技术型的人才岗位主要包括网站的设计与开发、网站的日常维护、ERP 技术顾问等。

> **提示：** ERP 是由美国计算机技术咨询和评估集团 Gartner Group Inc 提出的一种供应链的管理思想，它是指建立在信息技术基础上，以系统化的管理思想，为企业决策层及员工提供决策运行手段的管理平台。CRM 字面意思是客户关系管理。其是一个获取、保持和增加可获利客户的方法和过程。

3. 营销型人才

营销型人才要熟练掌握各种网络营销手段，并熟悉各种操作技术，能实现与客户的良好沟通交流，且具有较强的文字表达能力，具备营销策划的基本能力。

电子商务企业对营销型人才具有较大的需求。在电子商务中，营销型的人才岗位主要包括网络营销、网络管理和文员等。

4. 管理型人才

管理型人才，通常是电子商务企业的领导人物，具有极强的战略思维能力，且具有较高的业务素质，能与客户进行融洽的沟通交流，语言表达能力极强，且具有深厚的文字功底。另外，管理型人才能对电子商务活动中的各种工具进行熟练的应用。

高素质的营销型人才和管理型人才是无法通过学校培训出来的，这两种类型的人才需要在电子商务的营销和管理实践中，积累经验，不断成长。

5. 电子型人才

在电子商务中，电子型人才是基础人才。电子型人才能熟练运用电子商务中的各种技术，同时了解并掌握电子商务和现代商务的基本知识，较为熟悉电子商务的运作。

1.2.2　电子商务岗位分析

根据我国的相关职业资格标准规定，电子商务专业要培养能熟练应用各种现代技术，诸如信息网络技术、计算机技术等进行电子商务活动的专业人才。电子商务专业的人才可以从事如下岗位：

- 设计岗位

该岗位要求工作人员能对电子商务网站进行开发设计，能对网站的数据库进行开发维护，并且具备良好的网络编程技术，能对网站实行日常的管理和维护。

- 建模岗位

该岗位要求工作人员能对电子商务系统机构进行组织，并能准确描述电子商务的业务流程和相关信息，能熟练地进行电子商务的业务梳理工作，并能对电子商务的流程进行设计，具备较强的对电子商务和政务系统进行建模的能力。

- 编辑岗位

该岗位要求工作人员具备对网页图文较强的编辑能力，以及熟悉网页编辑的操作技能，能在网站日常运行中，对网页进行及时的更新和维护。

- 策划岗位

该岗位要求工作人员能够完成电子商务网站的建设方案设计、对网站进行策划和推广、对网络进行广告策划、代理网络广告、进行网络问卷的调查设计和对网络营销进行方案设计等工作。

- 营销岗位

该岗位要求工作人员能够完成电子商务企业的营销推广、业务洽谈等工作内容。

- 数据收集与分析岗位

该岗位要求工作人员能完成对企业和事业单位的网络调查、数据信息分析、资源整合利用，包括企业的售后服务等工作。

- 业务处理岗位

该岗位要求工作者具有良好的维护商品的能力，能有效处理商品的后台单证，了解和掌握各种网上支付系统，并能熟练操作，能很好地处理各种商品的采购和退换货处理，对商品进行合理有序的分类，及时更新各种商品的信息，能有效管理客户的网络群组。

- 平台管理岗位

该岗位包括电子商务企业的支付网站管理、认证中心管理、各种商务平台的管理，以及对后台业务进行处理等工作。

- 物流岗位

该岗位包括物流企业的货物管理，对快递的配送，对企业的仓库管理，对物流运输车辆的调度等工作。

- 网店岗位

该岗位指在电子商务网站，例如在淘宝、天猫、京东和当当等网站上开设网店，自主经营。该岗位要求工作者能对网店进行自主设计与布置，对网店信息进行发布，对网店商品进行维护管理，对网店订单进行及时处理，对网店的仓库进行管理，对网店成本和利润进行核算等。

1.3 电子商务项目的开发流程

电子商务项目的开发流程与一般网站开发流程相似，但又有所不同。电子商务项目建设需要完善的购物车体系、会员办理体系、集成专业的网上支付体系等针对网上购物而开发的功能。电子商务项目更强调用户体验，更需要专业的在线推广战略及 SEO 网站优化窍门。

电子商务项目的设计与网站设计相同，主要分为设计网站构造和平台开发两个流程，最终构成一个结构完整、运行良好的平台。具体开发流程如图 1-9 所示。

图 1-9 电子商务项目开发流程

1. 盈利分析

很多个人店长在设平台之前并没有仔细考虑平台的盈利模式。而且在现实中很多获得巨大成功的平台在开始策划之前可能也没有具体考虑平台的盈利模式，但是依然获得了成功，靠的是完美的创意和风投资金的投入。

> **提示：** 在目前电子商务一片红海的情况下，并不是所有的项目都这么幸运，因此在开始平台建设之前，一定要先将如何通过平台赚钱考虑成熟。

2. 平台策划

平台策划包含平台域名空间的运用，平台的功能定位，平台的目标用户及潜在用户对平台的需求，还要做到如何通过技术确定平台的整体个性，这其中最重要的是思考建设平台需要什么样的解决方案。

3. 平台规划

电子商务平台的规划关乎着平台的受欢迎程度，也直接影响着平台的整体建造。它分为两部分：一是规划前的平台策划；二是依据具体的内容进行平台页面的规划。

> 提示：平台规划确定了平台的目标和定位，确定了平台的功能、信息构造和后台处理流程。从规划上保证了平台的安全性，系统地确定平台技能实现方法等。因此，规划平台的系统性、完善性和全面性是平台建设成败的关键所在。

4. 优化规划

在平台整体规划的前提下，这一步思考平台优化和推行方面的事宜，如何融入关键字、减少图像的大小和规划内部连接等，这些都是店长需要熟悉的内容。只需简略地规划好，写成相应的文档，交给下一步平台程序设计去做就可以了。

5. 平台开发

平台开发是从按照电商网站开发设计要求实施开始到完成平台对外发布之间的一次处理过程。该过程与传统的软件开发过程相同，依据网站设计文档，使用平台开发工具及相关编程语言，编写页面及代码程序、完成 Web 数据库体系、设计需要在平台上展示的信息、完成平台安全认证、电子支付等功能。

6. 测试和发布

这一步是对设计好的平台进行测试和发布。测试设计好的平台，不仅要对所有影响页面显示的细节因素进行依次测试，页面中的超链接是否正常也是测试的一部分，最重要的是电子商务平台的功能是否可用，是否方便，是否能解决企业的商务问题。如果有不能运行的地方或者功能不实用，那么就需要返工修改。

> 提示：为了避免因反复修改而浪费不必要的时间，平台功能尽可能在整体规划期间考虑全面。

7. 维护开发

平台开发完成之后，需要对平台进行日常维护。平台日常维护不仅包括对平台正常运行的维护、管理性工作，更主要的是对网站内容的更新和修改。

> 提示：在实际执行的过程中，并不一定严格按照以上的步骤执行，有些步骤可以简化，尤其对简单的直销型网站来说，技术比较成熟，测试周期可以大大缩短。而对包含支付和物流等内容的较复杂的电子商务网站平台，建议按照此流程进行。

1.4　电子商务项目的需求分析

为了避免电子商务项目在建设过程中走弯路，提高项目的成功率，在项目建设开始阶段，对项目进行适当分析是非常有必要的。接下来从企业业务、专业市场和竞争对手 3 个方向进行分析。

1.4.1 企业业务分析

在开始建设电子商务项目之前，首先要对企业的诸多信息进行分析，包括企业盈利的模式、企业存在的问题和企业对电子商务的要求等。只有做足了企业业务分析工作，才能保证建设出符合企业要求的电子商务平台。

1. 企业盈利模式

下面以分析一个瓷砖企业为例，向读者展示分析企业盈利模式的内容，具体分析项目如表 1-3 所示。

表 1-3　分析瓷砖企业盈利模式

经营品类	瓷砖、陶片及腰线，代理三个知名瓷砖品牌	竞争力	线上低价策略提供整套瓷砖配套解决方案
所属行业	装饰材料行业	线上销售渠道	线上三个官方网站
目标用户	高中低档都有，满足客户个性需求	线下销售渠道	线下门店遍布，企业现在有瓷砖体验门店
经营状态	竞争激烈	销售方式	主要靠设计师带业主选砖，依靠线下人脉、装饰公司和装饰协会、联盟建材城等

2. 企业存在的问题

了解了企业盈利的模式后，要走进企业充分了解企业存在的各种问题。从工作效率到企业执行力和信息传达等多方面分析，并找出产生这些问题的原因。

通过分析，总结该瓷砖企业存在的问题及出现这些问题的原因，如表 1-4 所示。

表 1-4　企业存在的问题及产生原因

存在问题	产生原因
工作效率一般	在执行力上不能跟进线上线下的推广需求
信息传递速度比较迟缓	现阶段业务由主管负责，客服不独立承担业务的工作
不能及时回复客户问题	由于是通过网络聊天平台沟通，客户问题复杂，资料不齐全
客户继续询盘率低	客服对客户的问题回答不专业，造成客户没有兴趣继续询盘

3. 企业的电子商务需求

了解过企业的盈利模式并发现企业存在的问题后，就可以确定企业电子商务平台的需求了。具体需求有以下几点：

①招聘专业的店长和业务，在客服得到客户联系方式后及时跟进，给出合理的报价。

②对客服进行专业的培训，制定常见问题的回答话术。

③建立奖罚制度，提高客服工作积极性。

1.4.2 市场分析

完成企业业务分析后，接下来要对企业产品的市场进行分析，从中获得目标市场的电子商务需求。由于消费水平的不同，市场通常分为一级市场、二级市场和三级市场，不同级别的市场消费特点也不同。表 1-5 所示为不同目标市场的特点。

表 1-5　不同目标市场的特点

目标市场	目标市场特点
一级市场	一级市场通常指的是北上广深这些一线城市。由于房价过高，客户用于装修的费用相对较少。对中、低端产品需求旺盛。且由于装修行业竞争激烈，在网上询盘的客户和设计师目标性强，需要大量的线下跟进、回馈，做好定时的客户回访。当然不排除一线城市中的高端用户，但此类用户通常不会上网购物，故排除在外
二级市场	二级市场通常指省会城市，此类城市客户用于装修的费用较多。客户和设计师对中、高端产品热度较高。大多数客户或设计师上网是要找寻瓷砖效果图，不是在为产品购买上网，可以为此类客户或设计师提供配套服务，引导设计师看中网站上的瓷砖花色和款式，并加强线下回访，以促使进一步合作，产生转化率
三级市场	三级市场对低端产品需求量大，客户上网是根据购砖需求而定，不过产品价格在各大电商平台都已经透明化了，所以不会过多询问价格问题，通常是其他品牌解决不了的问题。对于此类客户或设计师要做好定时的客户回访

对不同的市场进行分析后，该企业电子商务平台中应提供以下内容。
①足够多的产品效果图和三维展铺贴展示图。
②能够给出在线的合理报价。
③提供整套装饰设计的解决方案。
④能够免费送样。

以上内容该企业电子商务平台现阶段不能满足，而该平台能够做的免费送样、按图找砖和设计贴图等服务，基本竞争对手都可以做到。同时该平台要通过厂家拿货，一旦中间环节出现沟通不及时或者无货情况将无法解决。

1.4.3　竞争对手分析

目前与该企业电子商务平台竞争的网站平台有淘宝、京东、楼兰、康提罗、无忧安居和齐家等。

淘宝和京东属于电子商务平台类网站，里面入驻各大瓷砖品牌和知名经销商以及厂家。通过店铺购买评价和产品价格，可以发现其中销量好的产品价格很透明，价位也极低，主要是为店铺跑销量，带动店铺排名和曝光率。图 1-10 所示为淘宝和京东网站首页。

楼兰和康提罗是专业的瓷砖销售服务定制平台，比较有特色，具有 3d 插件功能，能够提供在线瓷砖铺贴效果图。而且整个网站的瓷砖套餐和整体家居设计有很多优惠套餐和诱人的价格。同时在各大搜索引擎里都在全天候的付费推广。图 1-11 所示为楼兰和康提罗网站首页。

无忧安居属于线下展会和线上推广相结合的网站平台，几乎每月都有各大品牌瓷砖的展销会，通过各种方式获取客户联系方式，预约到场，会将一些特价的品牌瓷砖推荐给客户。带动线下线上经营。图 1-12 所示为无忧安居网站首页。

图 1-10　淘宝和京东网站首页

图 1-11　楼兰和康提罗网站首页

齐家属于装饰行业的综合性平台，材料商、设计师和装修公司都有进驻，这种模式可以很容易地吸引装饰的业主发现本地的装饰公司以及设计师，通过家装的需求了解到瓷砖等装饰材料，在用户附近的商家可以排名靠前让有意向的业主浏览到。图 1-13 所示为齐家网站首页。

图 1-12　无忧安居网站首页　　　　　图 1-13　齐家网站首页

通过对各大平台和门户网站的分析，可以发现每个平台都能充分利用自己的优势和特色围绕着销售瓷砖这个中心展开网络营销，同时，企业都有线上销售平台，在流量方面依靠权重极高的 IP 和付费推广，并且已经和搜索引擎达成的协议投发广告。

一些主要的门户和平台增加了丰富的瓷砖效果图 3D 智能展示功能和自动报价功能，大部分的平台和网站都有线下丰富的资源，产品价格优势明显，依靠电商平台大力推广策略，专业的客服和完善的物流配送以及售后服务等优势。

1.5　任务一——确定创意家居 App 目标用户

很多电子商务平台的创业者都有这样的疑问："为什么同样的产品，别人一下子都能卖很多，但是自己却不能？"

出现这种情况，除了价格之外，和店铺整体的定位、风格表达、引流方式和运营节奏等都有非常大的关系。不过最重要的是，这个产品到底是不是该电子商务平台的顾客想要的，该电子商务平台的人群定位是什么样的？

1.5.1　任务描述——掌握用户画像分析法

工作中经常听到用户画像这个词，特别是在产品分析、市场定位中。可用户画像究竟是什么，为什么说用户画像定位是否准确会影响电子商务平台的最终成败呢？

1. 概念

用户画像并不是凭空产生的，是市场（互联网）发展到一定程度，各行各业需要了解并满足自身用户多种需求，更高效、精准地提供针对性服务，增强竞争力，实现发展的产物。图 1-14 所示为用户画像所能提供的信息数据和行为数据。

图 1-14　用户画像数据

2. 意义

准确获得用户画像能够帮助平台完善产品、提升服务、分析经营形态和制定企业发展战略。用户画像分析的意义主要有两点，一是精准营销；二是个性化运营。而这两点是未来个性化发展趋势的必然要求。

每个产品都有一定范围的用户群体。比如豆瓣，用户群体偏文艺青年，寻找志同道合的朋友，能引起精神共鸣；比如喜马拉雅，偏学习，用户群体多为学习型青年，且愿意为知识付费。图 1-15 所示为豆瓣和喜马拉雅网站首页。

图 1-15　豆瓣和喜马拉雅网站首页

> 提示：没有一款产品能够面对所有的用户，试图涵盖所有用户的产品最终都会失败。

3. 绘制用户画像

如何绘制自己网站平台的用户画像呢？首先想象一下你的网站平台人群是什么样子的？网站平台的定位是什么样的？

当你想要彻底搞清楚这些问题的时候，要先搞清楚你自己想象中的网站平台的样子，暂时不要管你的网站平台真实的样子如何，先把平台产品整理出来，然后确定产品是卖给谁的。

确定内容包括基本属性、衍生属性和价值属性 3 层含义，如表 1-6 所示。

表 1-6　网站平台确定内容

基本属性	最起码要知道卖给男性还是女性，卖给哪个年龄段的用户
衍生属性	要知道消费者大概是什么样的消费能力，比如说是一个网购达人还是一个不怎么网购的人；还要知道购物偏好，是喜欢聚划算、天猫超市，还是喜欢直接搜索、点击猜你喜欢等
价值属性	这个指的是商品的价格，也就是商品的卖点所在

> 提示：确定了用户画像后，可以着重对某一个或某几个用户进行用户访谈。通过用户访谈可以及时确定用户的需求内容和范围，进一步提升网站平台目标用户的精准度。

1.5.2 技术引进——掌握用户访谈法

在确定目标用户时，用户访谈是最常见的方法之一，主要形式是和调研的用户进行一对一或一对多的直接沟通，最好是采用面对面的方式。如果条件不允许，可以通过电话、邮件、QQ 和微信等方式进行，获取用户的需求。

1. 概念

用提问交流的方式，了解用户体验的过程就是访谈。访谈内容包括产品的使用过程、使用感受、品牌印象和个体经历等。

2. 优点

通过访谈所获得的内容，可以被筛选，组织起来形成强有力的数据。访谈可以称得上是所有研究方法的基础，不仅是因为访谈法在其他研究方法中都会用到，而且根据项目和研究要求的不同，访谈的形式可以做很多调整来适应所需要的目标。

3. 访谈流程

访谈流程主要包括前期准备、进行中和访谈结束 3 个方面，大体流程如图 1-16 所示。

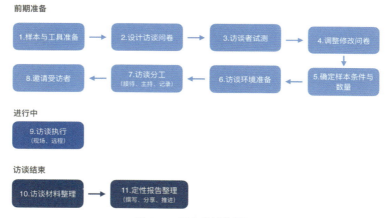

图 1-16　用户访谈流程图

也可以通过下面的方法，快速获得网站平台的用户画像。

1. 我是_____类目，平台共有_____件宝贝，产品价格_____，客单价_____。

2. 我的目标人群以（男／女）性为主，用户群体是（男、女、老、少年、幼儿），他们的职业以（学生、主妇、白领、贵妇、科技爱好者）为主。

3. 我的目标人群喜欢（促销方式）、喜欢同时购买_____，购买周期是_____，回购（高／低），他们购买我的产品可以获得_____（实际价值、精神价值）。

自己组织语言后，再去做定位、选款或者设计，会发现瞬间就通畅了，整个团队里都会很明确地知道，要把产品卖给什么样的人。总结编写后，完成的用户画像就出现在我们面前了。图 1-17 所示为家居产品的用户画像。

故事简介:

陈艾是个很感性的姑娘,特别喜欢几个歌手,当年追星的时候,买过好多他们的卡带、CD专辑。她心中有个自己偶像唱的经典歌单,特别悲伤的时候,会去搜索这些自己熟悉的经典歌曲听;高兴的时候,听什么都很好,有几个固定风格的音乐是自己一直以来喜欢的,特别喜欢使用豆瓣fm,不知道想听什么,就打开私人频道或者红心频道。

她基本上只用1款相同功能的音乐产品,不太愿意经常更换使用的东西。

她平时喜欢泡在网上杜区里,在豆瓣和微博关注了很多朋友和感兴趣的用户,都是和自己喜好相似的人。通过他们发现了好多有意思的东西和好听的音乐。通常她会推荐都挺准的,因为他们懂自己喜欢什么。经常和朋友相约一起参加活动。

喜欢的歌会下载或缓存下来,希望再分类,听音乐时关注歌曲的歌词、背景故事和相关信息,偶尔分享音乐,但不期待反馈。只是记录自己的感情。

音乐是什么:

音乐对于她来说是一种沉漫,营造自己情绪的小世界。

FM对于她是一个见多识广,可以安慰她,带来正能量的DJ

使用场景:

1.早上、睡觉前、工作时间。
2.感觉有些忧伤,不想费心找歌,会听"悲伤蔻蔻"、私人歌单。
3.特别伤心,搜索自己最喜欢的歌手或听红心频道等自己一定会喜欢的歌。
4.周末逛公园,在长椅上休息,一个人什么都不做,听着音乐,听着听着就想起以前的一段时光、有时会笑出来。

用户核心需求:

1. 红心和离线的歌曲管理
2. 听到跟自己喜好相近或者符合当时情绪的新歌

U2 音乐沉漫爱好者

姓名: 陈艾
性别: 女
年龄: 25-30
爱好: 看电影、旅游、游泳、瑜伽
性格: 比较感性、情绪化
音乐人格: 音乐寄托了很多情感和回忆
使用的移动设备: iPhone
电台听歌时间: 日均 3 小时,电台中重度用户
喜欢的歌曲类型: 民谣、摇滚、欧美流行
音质要求: 一般
流量敏感度: 较敏感,大部分在线听
常用音乐app:豆瓣fm、酷狗音乐、人人电台

图 1-17　小户型沙发床产品用户画像

课堂练习 小户型沙发床用户画像

例如,图 1-18 所示为"小户型沙发床"的基本属性。

图 1-18　小户型沙发床基本属性

该沙发床的直接价值是体积小、可当沙发可当床、省空间、可折叠。想象中,该产品应该是针对 25 ～ 35 岁的年轻用户,居住环境为小户型;且购买这种类型产品的用户大多数是女性或者是家庭用户。

消费能力绝对不会高,没有人会愿意花上万块钱购买一个小户型的沙发床。

购买频次是高的,因为大部分情况下都是近期在搬新家或者是装修的用户购买,而且产品的购物偏好偏向于包邮,如果不包邮就会很容易失去这个客户。

该沙发床的隐藏关键词是小资和品质,如果用户只是为了很省钱,完全可以不要沙发,但是为什么在小户型里还希望有个沙发,甚至是个沙发床,是因为用户的潜意识里还有对小资和品质的追求。

由此得知,理想中的人群的样子就出现了。

1.5.3 任务实施——收集用户对家居 App 的操作体验

前期准备

步骤 01　样本与工具准备。

- 确定受访者的标准
  - ➢ 年龄 25～35 岁，关注穿衣搭配的用户；
  - ➢ 男女各 5 人，共 10 人；
  - ➢ 有家居 App 购物经历（若无，则不满足标准）。
- 测试工具
  - ➢ 一台装有该版本 App 的测试手机（WiFi 网络环境）；
  - ➢ 一台装有该版本 App 的备用私人手机（4G 网络环境）。
- 记录工具
  - ➢ 录像手机；
  - ➢ 录音笔；
  - ➢ 纸笔或其他记录工具。

步骤 02　设计访谈问卷。

- 必要问题
  - ➢ 请简单描述一下使用后的感受；
  - ➢ 你认为 App 操作起来怎么样？为什么？
  - ➢ 喜欢这款 App 的设计风格吗？为什么？
- 选问问题
  - ➢ 使用 App 购物时，你最关注什么（价格、商品、品牌、物流）？
  - ➢ 资讯对你有帮助吗？你会去主动了解吗？
  - ➢ 页面上的促销活动能吸引你的注意吗？
  - ➢ 你会选择在该 App 上购物吗？为什么？
  - ➢ 你觉得商品如何？你平时关注什么商品或品牌？

步骤 03　访谈者测试。

- 目的
  - ➢ 测试流程的可行性；
  - ➢ 修改调整访谈问题。
- 邀请测试人员
  - ➢ 内部成员 1～2 人；
  - ➢ 外部门同事 1～2 人。

步骤 04　调整修改问卷。

- 目标用户确定（新增）
  - ➢ 是否有过 App 购物的经历？
  - ➢ 平时是否会关注杂志或相关资讯信息？

步骤 05　访谈环境准备。

➢ 地点 700 号饮料咖啡厅（室内）

➢ 现场布置一张圆桌，三把椅子，录像、录音调试，奖励零食

步骤 06 访谈分工（接待、主持、记录）。

➢ 每位受访者分别由同事 A 和同事 B 轮流接待。

➢ 由同事 B 负责主持并询问受访者问题。

➢ 由同事 A 负责录像、录音。

步骤 07 邀请受访者。

将受访者邀请至圆桌坐下后，开始进行访谈……

进行中

步骤 01 访谈执行（现场）。

访谈开始，介绍自己以及采访的目的。

您好，请问：您是否有过 App 购物的经历？我们是某某 UED 部门的，负责 App 的设计。为了更好地服务用户，希望您能抽出 2 分钟的时间，对我们的 App 进行一个操作体验，我们会收集您的宝贵建议，并作为某某 App 下一版优化改进的参考建议。

……

采访一开始要营造轻松的氛围，从容易的问题开始，建立信任。

步骤 02 访谈中。

- 认真聆听用户的想法和建议，保持客观，做好记录；

- 引出细节和故事，解答用户的疑问。图 1-19 所示为用户访谈的过程记录。

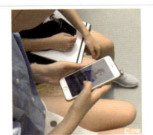

图 1-19 访谈用户记录

访谈结束

步骤 01 向受访者表示感谢，必要时给予礼物奖励。

非常感谢您的建议和对我们工作的支持，我们会不断提高用户体验，下次再见。

注意事项

- 让受访者表达本意，不要引导；

- 该方法不能代替市场调研；

- 避免谈话离题；

- 访谈过程中，不要对信息进行解读或者分析。

步骤02 访谈材料整理。

信息统计，如图 1-20 所示。

受访者		NO.1	NO.2	NO.3
用户背景	性别	女	女	男
	是否为本部员工	是	是	不是
	操作速度	高	高	高
必要问题	请简单叙述一下使用后的感受	① 比以前做得好 ② 我是目的性强的用户。如果没有想要买的东西，不会去浏览 App	① 认为体验非常不好，作为想要随便浏览 App 内容的用户，不愿意进行此选择操作 ② 这是一个非常理性的操作，你应该先让我看到我比较喜欢的东西，再去选择或购买 ③ 这个步骤多余	① 通过有趣的 Banner，进入资讯浏览；但发现里面的内容没有意思 ② 作为第三方 App，做一些资讯；然后我会看里面有什么品牌，品牌里面有哪些商品，有什么新品
	你认为该 App 操作起来怎么样？为什么？	主页：前面的信息知道，后面不知道是什么内容，看不明白（不清晰，不明确）		操作起来蛮好的，蛮正常的
	喜欢什么设计风格？为什么？	页面比较清晰；可以；比以前好		设计风格还可以
选择询问	使用 App 购物时，最关注什么（价格、商品、品牌、物流）？	品牌、价格		品牌、价格

图 1-20 访谈信息统计

步骤03 定性报告整理（撰写、分享、推进）。

- 撰写

根据用户反馈的信息，将问题进行归类，撰写整理成报告，反应给各相关部门，并给出优化建议或解决方案。

- 分享

将调研结果反应给决策层，并推测每种问题会导致的结果，以及结果会对业务、公司的营收造成的影响；邀请各部门相关人员参与会议讨论，了解问题、分析问题。

- 推进

各部门针对相应的问题进行头脑风暴，给出解决方案并推进；在下一版本中对相关问题进行验证。

 绘制自己店铺用户画像

参考前面所讲内容，在纸上写出创建家居平台想象中的用户画像。

1.6 任务二——打造创意家居 App 品牌

目前的电子商务行业竞争非常激烈，以淘宝为例，平均每天就有数千家店铺开张。过去那种只要开个网店就能赚钱的时代早就一去不复返了，因为无论是竞争环境、媒体环境还是消费者的消费模式、认知模式都已发生了非常大的变化。在众多的店铺中如何升华自己的店铺，打造品牌，提升转换率，是每一位电子商务从业人员需要注意的问题。

1.6.1 任务描述——了解品牌的调性

品牌调性是基于品牌的外在表现而形成的市场形象，从品牌人格化的模式来说，等同于人的性格。

品牌调性常常隐匿于具体品牌表现之中，但品牌调性对品牌成败的影响程度远远超出常人想象，品牌调性如果违背了行业属性，这个品牌就无法走得更远，这个规则是由自由市场制定，不会因个人想法而转移。

品牌调性的内涵可以分为品牌属性、品牌个性、品牌文化、品牌价值和品牌使用人群 5 点体现出来。

1. 品牌属性

一个品牌首先给人带来特定的属性。例如"海尔"品牌表现出的质量可靠、服务上乘和"一流的产品，完善的服务"奠定了海尔中国家电第一品牌的成功基础。图 1-21 所示为海尔品牌广告。

2. 品牌个性

品牌个性是消费者认知中品牌所具有的人类人格特质。可以从真诚、经典、能力、刺激、和粗犷 5 个维度构建，如图 1-22 所示。

图 1-21　海尔品牌广告　　　　图 1-22　品牌个性 5 个维度

塑造品牌个性之所以有效，其原因在于消费者与品牌建立关系时往往会把品牌视作一个形象、一个伙伴或一个人，甚至会把自我的形象投射到品牌上。一个品牌个性与消费者个性或期望个性越吻合，消费者就越会对该品牌产生偏好。广告代言人、卡通形象等都可以用来塑造品牌个性。

3. 品牌文化

指通过赋予品牌深刻而丰富的文化内涵，建立鲜明的品牌定位，并充分利用各种强有效的传播途径形成消费者对品牌在精神上的高度认同，创造品牌信仰，最终形成强烈的品牌忠诚。

4. 品牌价值

品牌价值是品牌管理要素中最为核心的部分，也是品牌区别于同类竞争品牌的重要标志。品牌价值主要在于"价值"二字身上，品牌具有使用价值和价值。品牌具有货币金额表示的"财务价值"，以便用于市场交换。

5. 品牌使用人群

品牌使用人群又称作品牌决策者，是指厂商在决定给其产品规定品牌之后，下一步需要决定如何使用该品牌。

> **提示**：一个电子商务平台如果可以做成品牌，好处不言而喻，但是前提是要保证货源一流，没有质量问题，在客户心中留下一个好的形象，逐渐形成品牌。品牌的建设并非一朝一夕，而是需要一个长期的沉淀和口碑的累积。

1.6.2　技术引进——视觉锤和语言钉的运用

常听从事电子商务行业的人抱怨："为什么顾客总是记不住我的品牌？"

在品牌传播的世界中，想让顾客轻松记住你的品牌，很明显，视觉传播比文字传播更有力量！美国营销大师劳拉·里斯说过，要用视觉形象这把锤子，把你的语言钉子植入消费者的心中。图 1-23 所示为劳拉·里斯及其著作。

图 1-23　劳拉·里斯及其著作

> **提示**："视觉锤"的概念最初是由美国公认的新一代营销战略大师劳拉·里斯提出的。她为全球《财富》500 强多家企业提供品牌战略咨询服务。

如果将品牌和目标受众比喻成两块木板，定位是形成强调关系的一个钉子，而最有效的工具是视觉，敲打最有效的工具便是视觉锤。

现在的时代是一个视觉时代，抢占消费者的最好方法并非只用"语言的钉子"，而且还要运用强有力的"视觉锤"，视觉形象就像锤子，可以更快、更有力地建立定位并引起顾客共鸣。视觉形象和语言信息的关系好比锤子与钉子：要用视觉形象这把锤子，把语言钉子植入消费者的心中。

在品牌传播的世界，当图文共同出现的时候，多数人选择眼见为实、先看图片。视觉传播比文字传播更有力量。那么，如何让品牌第一眼就被客户记住，并且永生难忘呢？需要的就是一把强有力的视觉锤。

"品牌定位是一个语言概念，是钉子。将这个钉子钉入消费者心里的工具就是视觉锤。"这就是视觉锤的概念。也可以把视觉锤理解为是把语言钉（定位概念）钉入消费者心中的工具。简单地说，视觉锤是指一个可用于品牌识别的视觉非语言信息。

> **提示**：视觉锤的形式十分广泛，几乎所有视觉元素都有可能成为视觉锤。如果你的品牌拥有一个视觉锤，那么你的品牌将更容易成长为强势品牌。

品牌识别和非语言信息是视觉锤的两大基石，少了任何一块，就不能称之为视觉锤。

1. 品牌识别

品牌识别不是一个新鲜词，但很多业内人士对"品牌识别"的理解也很狭隘，认为品牌识别就是指 Logo。虽然 Logo 确实是品牌识别的载体之一，但却不是唯一。任何可以被消费者直接关联到所属品牌的信息，都可以被视作品牌识别。

例如 LV 的棋盘格、Dior 的藤格纹、Burberry 的方格子条纹、Chanel 的菱格等，它们不是 Logo，却是一眼就能认出来的品牌识别，如图 1-24 所示。

图 1-24　品牌识别

> **提示**：品牌名不是视觉锤，这是因为品牌名属于语言信息（对于认识这门语言的人而言）。

2. 非语言信息

"信息"可以分为语言信息和非语言信息两类。因此，用户从视觉和听觉两个方面区分 4 类信息：视觉语言信息／视觉非语言信息和听觉语言信息／听觉非语言信息，如图 1-25 所示。

图 1-25　语言信息和非语言信息

 区分非语言信息和语言信息

步骤 01　你走在一条陌生的马路上，忽然远处传来了"救命！救命！"的呼喊声。

这其中，同时包含了听觉的语言信息和非语言信息。"救命"是你能理解的语言信息，意思是有人在受到生命威胁，正在求救。

那么其中的非语言信息是什么呢？是通过音色、音调和语速等读取到的信息：听起来是女孩子，带着哭腔，好像很着急、很害怕等。

当然，如果你不懂"普通话"，这个女孩虽然同时传达了两类信息，但你只接收到了其中的非语言信息。

步骤 02　然后你寻着声音的方向走去，转过街角，你看到这样一个情景：

一个女孩被两个壮汉绑了起来，表情痛苦不已。周围有 10 多台专业摄像机，一个戴帽子的男人正坐在监视器前，指挥左右。墙壁的最高处悬挂了一个巨大的横幅：拍摄中，请保持安静。

你从横幅上获取并理解了视觉的语言信息，也看清了现场的情况（视觉非语言信息），确信他们是真的在拍摄，那个女孩并没有危险，于是悄悄离开了。

只要你稍微留心，就会发现这 4 类信息并不难区分，只是我们平常忽略了这个层面的思考而已。

理解什么是"非语言信息"很重要，学会把"非语言信息"和"语言信息"剥离也很重要，这是审视和创作"视觉锤"的基础。

有些读者可能会觉得文字就是语言信息，图片则是非语言信息。这个也不是绝对的。文字本身是可以成为"视觉锤"的，但是需要搞清楚，使之成为"视觉锤"的，不是语言含义，而是蕴含其中的非语言信息，可能是颜色，也可能是独特的字体。

香港著名设计师陈幼坚先生当年为可口可乐设计中文 Logo 的时候，沿用的正是这种字体的"格式感"，如图 1-26 所示。

图 1-26　可口可乐中文 Logo

维他命水的瓶子也许是最醒目的饮料包装瓶子了，它们让用户想起药店货架上一排排的处方药，而这正是"维他命"饮料的概念，如图 1-27 所示。

图 1-27　维他命水包装

"维他命水"的视觉锤是什么呢？是包装吗？不是，包装是它的视觉锤的载体。那真正的非语言信息是什么呢？它是几种元素的组合，这种组合的特性形式，最终形成了用户大脑中盘旋的"像维他命一样"的意识。

1.6.3　任务实施——分析成功运用视觉锤和语言钉的品牌

步骤 01　农夫山泉品牌属于瓶装矿泉水，其语言钉为"天然"，视觉锤为群山中的一片泉水，其品牌 Logo 如图 1-28 所示。

步骤 02　海飞丝品牌属于洗发水，其语言钉为"去屑"，视觉锤为洗发前后头发的对比图，其品牌 Logo 如图 1-29 所示。

图 1-28　农夫山泉品牌 Logo　　　　图 1-29　海飞丝品牌 Logo

步骤 03　三只松鼠品牌属于坚果电商，其语言钉为"坚果"，视觉锤为三只可爱的松鼠，其品牌 Logo 如图 1-30 所示。

步骤 04　蚂蚁金服品牌属于小额贷款，其语言钉为"小微企业"，视觉锤为一只可爱的小蚂蚁，其品牌 Logo 如图 1-31 所示。

图 1-30　三只松鼠品牌 Logo　　　　图 1-31　蚂蚁金服品牌 Logo

步骤 05　美拍品牌属于短视频平台，其语言钉为"短视频"，视觉锤为一个带有播放按钮的摄像机，其品牌 Logo 如图 1-32 所示。

步骤 06　黑人牙膏品牌属于牙膏，其语言钉为"亮白"，视觉锤为露出洁白牙齿的黑人，其品牌 Logo 如图 1-33 所示。

图 1-32　美拍品牌 Logo

图 1-33　黑人牙膏品牌 Logo

　理解视觉锤的强弱

给学生一个绿色的 App 方块，在如图 1-34 所示 4 个选择中，学生最先想到哪一个产品（瓜子二手车、豆瓣、微信、印象笔记）。最先被想到的则是强视觉锤产品，其次为弱视觉锤产品。

图 1-34　绿色 App 的视觉锤强弱

1.7　任务三——完成创意家居 App 项目策划书

确定了平台的目标用户和品牌的调性后，接下来将通过文字的形式完成创意家居 App 项目的策划书撰写。

1.7.1　任务描述——电子商务项目策划原则

在撰写电子商务项目策划书时要严格遵守创新原则、系统性原则、协同性原则、操作性原则和经济性原则，如图 1-35 所示。下面逐一进行讲解。

图 1-35 电子商务项目策划原则

1. 创新性原则

网络为用户选择不同产品和服务带来了极大的便利。在个性化消费需求日益明显的网络营销环境中，通过创新，创造和顾客的个性化需求相适应的产品特色和服务特色，是提高效用和价值的关键。

创新带来特色，特色不仅意味着与众不同，而且意味着额外的价值。在电子商务项目的策划过程中，必须在深入了解顾客需求和竞争者动向的基础上，努力营造旨在增加顾客价值和效用，受顾客欢迎的产品特色和服务特色。

2. 系统性原则

电子商务项目是以网络为工具的系统性的企业经营活动，它是在网络环境下对市场的信息流、商流、制造流、物流、资金流和服务流进行管理的。

> **提示：** 电子商务项目的策划，是一项复杂的系统工程。策划人员必须以系统论为指导，对企业网络营销活动的各种要素进行整合和优化，使"六流"皆备，相得益彰。

3. 协同性原则

电子商务项目策划是一种综合功能的应用，而不是孤立存在的。从市场分析、商业模式、产品推广和管理模式等方面分析，充分考虑多方面因素综合而来的项目内容。

4. 操作性原则

电子商务项目策划的一个结果是形成网络营销方案。电子商务网络营销方案必须具有可操作性，否则毫无价值可言。这种可操作性，表现为在网络营销方案中，策划者根据企业商业模式，在未来的电子商务网络营销活动中做什么、何时做、何地做、何人做、如何做的问题进行了周密的部署、详细的阐述和具体的安排。

电子商务项目策划是一系列具体的、明确的、直接的和相互联系的行动计划的指令，一旦付诸实施，团队中的每一个员工都能明确自己的目标、任务、责任以及完成任务的途径和方法，并懂得如何与其他员工相互协作。

5. 经济性原则

电子商务项目策划必须以经济效益为核心。项目策划不仅本身消耗一定的资源，而且通过策划方案的实施，改变企业经营资源的配置状态和利用效率。将该项目平台的收入及盈利来源阐述清楚，在策划和方案实施成本既定的情况下取得最大的经济收益，或花费最小的策划和方案实施成本取得目标经济收益。

1.7.2 技术引进——网站策划书编写标准

网站策划书给将要制作的网站一个准确的定位，明确建设网站的第一步要做什么。想要写一份令用户心动的网站策划书则需要遵循如表 1-7 所示标准。

表 1-7 网站策划书编写标准

网站策划书的价值	策划内容重点阐述了解决方案能给用户带来什么价值，以及通过什么方法去实现这种价值，从而帮助网站平台获取订单
前期策划资料收集	策划书资料收集情况是网站策划书成功的关键点，它关系到是否能够准确充分地帮助客户分析、把握互联网应用价值点。一份策划书的成败，与信息的收集方法、收集范围、执行态度和执行尺度有密切关系
网站策划书的思路整理	在充分收集用户数据的基础之上，需要对数据进行分析、整理，需要产品经理、策划人员、设计人员、开发人员和编辑的齐心参与，进行多方位的分析、洽谈、融合和术语化
网站策划书的写作	此部分内容是整个标准的核心，从标准方案而言，专业网站策划书应包括项目基本情况、市场分析、商业模式、SWOT 分析、产品推广和管理模式等多方面的内容，也可以根据实际情况对这几方面的内容灵活运用
网站策划书的包装与提交	一份专业的网站策划书需要经过严格的包装才能提交给用户。包装的方法、技巧和提交的重点内容都有严格的规定
网站策划书的讲解与演示	策划书的演示与讲解也是项目成功与否的关键，演示者讲解的步骤，衣着打扮和谈吐举止等都要做出明确的规定
网站策划书归档/备案	为了保证策划书的延续性，要做好策划书归档/备案工作。网站策划书的归档/备案可以根据公司规则的不同而制订出不同的标准

提示： 一份优秀的策划书在充分挖掘、分析用户的实际需求的基础之上，以专业化的网站开发语言、格式，有效地解决了日后开发过程中的沟通问题、整理资料的方向性问题。

 **提炼电子商务项目策划书大纲**

根据所学内容，提炼电子商务项目策划书大纲内容。
- 项目基本情况
  - 项目背景
  - 项目概况
- 市场分析
  - 需求分析
  - 竞争力量分析
  - 待解决的问题
- 商业模式
  - 战略目标

- ➢ 目标客户
- ➢ 产品与服务
- ➢ 收入及利润来源
- SWOT 分析
  - ➢ 优势
  - ➢ 劣势
  - ➢ 机遇
  - ➢ 威胁
- 产品推广
- 管理模式

1.7.3　任务实施——完成创意家居 App 策划书

步骤 01　项目基本情况。

- 项目背景

旨在为热爱生活、追求高品质生活的人提供一个家居购物平台，为专业家居设计师提供一个交流的社区，将创意家居的概念带动起来。

- 项目概况

这是一款创意家居 App，电子商务模式主要为 O2O。主要面对追求生活品质的白领一族，以及家居设计的从业人员，要做一种 O2O 垂直闭环电子商务平台。

步骤 02　市场分析。

- 需求分析

如今追求个性化家居已经成为一种大趋势，越来越多的人选择购买更具个人特色的家居产品。而且随着电子商务技术的成熟，很多专业的家居设计师，也将自己的作品上传到电子商务平台中供用户购买。我们的 App 可以为设计师提供一个展示、销售个人设计产品的平台。

- 竞争力量分析

此类的电子商务平台分别有百物语、趣玩网和创艺东方等。这些平台较早进入市场，在市场占有率以及注册用户数等方面都有较大的优势，而且都已经进入盈利阶段，平台发展相对比较成熟。

- 待解决的问题
  - ➢ 为平台吸收新鲜血液，始终保持创新精神。
  - ➢ App 的推广以及设计师注册数。
  - ➢ 以详细的市场调研，汇总各种家居风格，收集用户的使用体验。
  - ➢ 做到有求必应，服务大众，提高生活品质的原则。

步骤 03　商业模式。

- 战略目标

为小资人群以及家居设计师人群提供展示、沟通、交流和购买的多元化平台。将时尚、品质生活方式带给每一个使用者。

- 目标客户

广大追求品质生活的用户，主要是从事创意家居的专业设计人员和企业。

- 产品与服务

推出手机 App，注册用户只需将自己的资料完善，就会在 App 中找到与你志趣相同的创意家居达人，还会为用户推荐感兴趣的设计师和家居产品。设计师可以上传个人设计产品并完善个人资料，分享自己的设计理念及感悟。定期还会组织大型的家居设计活动，更好地提高用户对创意家居的兴趣。

- 收入及利润来源

使用线上交易的产品销售和产品定制服务与商家的分成以及运营成熟以后的品牌植入，广告植入。还可以与一些家居大品牌签约组织活动等。以及自有品牌创意家居的上架。

步骤 04　SWOT 分析。

> **提示**：所谓 SWOT 分析，即基于内外部竞争环境和竞争条件下的态势分析，就是将与研究对象密切相关的各种主要内部优势、劣势和外部的机会和威胁等，通过调查列举出来，并依照矩阵形式排列，然后用系统分析的思想，把各种因素相互匹配起来加以分析，从中得出一系列相应的结论。

- 优势

我们的优势在于打造的是一个垂直闭环的电子商务平台，并且会将线上线下结合起来，不单单是线上交易完，线下收货完就代表交易结束。我们会有用户的回馈，将线下这个不容易管理的部分抓在手中。

还有我们会做出自己的品牌，将使用我们的 App 作为生活方式的一种，让人们想到家居就想到我们的品牌，一提到某个家居设计就想到我们线下组织的活动。

> **提示**：以用户极致体验为核心，通过"平台＋内容＋终端＋应用"四层架构的闭环垂直整合。

- 劣势

我们的劣势很明显，进入这方面市场的时间较晚，许多有需求的用户已经用了别的类似 App，还有就是我们是一个新生儿，并没有开发 App 以及运营的经验，企业底蕴可以说是没有，所以这会让我们在与同类 App 竞争时缺少竞争力。

- 机遇

现在的市场发展得很快，客户的需求也随着市场的变换而变化。我们的项目是最新开发的项目，在内容和功能上，紧抓时下最新的潮流和资讯。为目标客户提供最需要的功能。

- 威胁

一些非常成熟的电子商务公司已经发现这方面的潜力，并已经有做出相应产品，他们的加入使得巨大的市场变得压缩。

步骤 05 产品推广。

我们选择慢慢渗透市场,先在各大搜索引擎以及软件下载站选择插入广告。在各大社交平台投入广告,从年轻人入手。相继会在城市写字楼、咖啡厅和图书馆等地进行推广活动。《奔跑吧兄弟》或者《智勇大冲关》这类电视节目是我们做电视广告的方向。

步骤 06 管理模式。

本公司采用传统的经营管理模式。

 完成体育经营 App 项目策划书

通过案例的制作,帮助读者了解电子商务项目策划书的编写内容和流程。接下来通过撰写一个体育经营 App 项目策划书,加深了解策划书对电子商务平台搭建的作用。

1.8　本章小结

本章着重介绍了电子商务项目策划基础,针对电子商务分类和项目特点、电子商务的人才与岗位、电子商务项目的开发流程和电子商务项目的需求分析进行了讲解;还设计制作了 3 个任务,3 个任务的侧重点各有不同。

完成任务后,可以使用户充分理解并掌握电子商务项目策划的方法和技巧。同时课后习题可以帮助用户巩固和加深对基础知识的理解。

1.9　课后习题

完成本章内容学习后,接下来通过几道课后习题,测验一下读者学习电子商务项目策划基础的学习效果,同时加深对所学知识的理解。

习题答案

1.9.1　选择题

1. 国内的天猫,京东,国外的亚马逊等耳熟能详的公司都是属于(　　)类电商平台。

A. B2B　　　　　　B. C2C　　　　　　C. B2C　　　　　　D. O2O

2. 下列选项中不属于电子商务项目特点的是(　　)。

A. 牵涉的角色多　　　　　　　　B. 无形资产比重较大

C. 获利较多　　　　　　　　　　D. 生命周期较短

3. 电子商务项目开发过程中规划平台之后应进行何种操作(　　)。

A. 优化规划　　　B. 平台开发　　　C. 平台策划　　　D. 盈利分析

4. 下列选项中不属于绘制用户画像产品属性的是(　　)。

A. 衍生属性　　　B. 基本属性　　　C. 价值属性　　　D. 扩展属性

5. 下列选项中不属于 SWOT 分析的是(　　)。

A. 优势　　　　　B. 机遇　　　　　C. 盈利　　　　　D. 威胁

1.9.2 填空题

1. 常见的电子商务平台主要包括_____、_____、_____和_____等几大类。

2. 电子商务企业目前急需_____、_____、_____、_____和_____5种人才。

3. 用户画像分析意义主要有_____和_____，这两点是未来个性化发展趋势的必然要求。

4. 访谈流程主要包括_____、_____和_____3个方面。

5. 品牌调性的内涵可以分为_____、_____、_____、_____和_____5点体现出来。

1.10 创新实操

根据本项目所学内容，完成体育社交 App 项目——"拼东东"的用户画像绘制。并设计制作该 App 的 Logo，参考 Logo 如图 1-36 所示。

图 1-36　参考 Logo

第2章
电子商务项目与思维导图
——将大脑思维形象化

在电子商务项目创建的初期，由于不具备系统的思考框架，设计出的产品原型往往缺少操作流程、页面、控件或者是没思考好用户的需求及页面设计的目的，使得整个页面在用户体验上十分粗糙，使用思维导图可以很好地解决这些问题。

图 2-1 所示为电子商务 App 项目登录注册流程的思维导图。通过提炼关键信息，用流线表达消费者注册和登录的过程。通过该思维导图，开发人员可以清晰地了解整个注册和登录的过程。

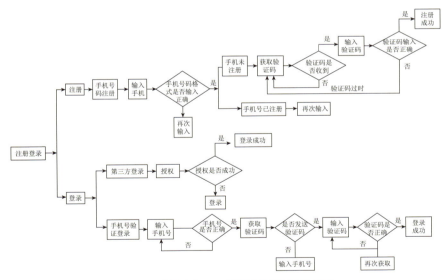

图 2-1　电子商务 App 登录注册流程思维导图

2.1　了解思维导图

思维导图又叫脑图或心智图，是一种思维整理工具，即把人的大脑的信息进行提炼后进行图形化处理。思维导图是发散性思维和图形思维的结合体。

2.1.1 思维导图的设计依据

人类的思维可以分为线性思维和非线性思维两种。一般来讲，线性思维是一种直线的、单向的、单维的、缺乏变化的思维方式，如图 2-2 所示。

非线性思维则是相互连接的、非平面、立体化、无中心、无边缘的网状结构，类似于人的大脑结构和血管组织，如图 2-3 所示。

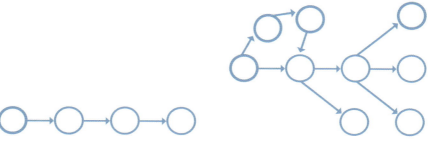

图 2-2　线性思维示意图　　　　　　　图 2-3　非线性思维示意图

线性思维和非线性思维模式虽然存在着巨大的差别，但却无优劣之分，它们之间各有利弊。线性思维有助于深入思考，探究到事物的本质；非线性思维有助于拓展思路，看到事物的普遍联系。总体而言，非线性思维是为了支持线性思维的深入进行，线性思维是最终目的，而非线性思维是辅助手段。

然而，由于线性思维的简捷性和经济性，使人们对线性思维产生了很强的依赖，从而忽视了非线性思维的存在。直到 20 世纪 80 年代末，才有学者首次提出了非线性思维的概念，将其从线性思维的模糊模型中抽离出来。

随着信息时代飞速发展，科技的快速进步，大量的信息摄入人脑，信息超载使线性思维不堪重负，而非线性思维正好解决了这个问题，使得大数据与复杂系统的处理变得简单、快捷和高效。

> 提示：人的思考过程本身是线性与非线性并举的，它们相互依存，相互促进。人类的知识结构本身则以非线性为主。思维导图正是这样一种非线性思维工具，帮助人们在很大程度促进思维的发散，拓宽思维的广度。

2.1.2 思维导图的特征

思维导图是放射性思维的表达，因此也是人类思维的自然功能。思维导图有以下 5 个基本的特征：

1. 焦点集中

焦点集中是指在绘制思维导图的时候，一定要能够突出中心，如果一张思维导图不能一眼看出它的中心，那么无疑是失败的。而突出中心最常用的办法就是使用中心图形或醒目的艺术字来代替普通文本，这样容易抓住思维导图的核心。

2. 主干发散

主干发散是指在拿到一张思维导图时，能够立即找到它的主干分支，而不是一片混乱。每一分支下面有各自的内容，条理非常清晰，保证开发人员能够快速高效地对思维导图进行理解加工。

3. 层次分明

思维导图的内容并不是随意发散、随意安排的，是按照知识内部的结构进行分级加工的，重要的话题、与焦点联系密切的话题要尽量放在靠近导图中心的位置，而一些相对来说次重要的内容安排在导图边缘的位置，这样就能够保证开发人员很快掌握重点内容，以及这些内容之间的层级关系等。

4. 节点相连

节点相连指的是思维导图的内容不是孤立的，而是通过线条连接成了一个整体。每一条连线都代表着一条思考路径。

5. 使用颜色、形状、代码等

在绘制思维导图时，为了可以有效地刺激大脑，一般会使用丰富的图形和颜色，图形一定要与内容紧密联系方可使用，这些元素的使用可以让思维导图变得美观、和谐和舒适，但这绝不是使用思维导图的最终目的。

大量研究证实，思维导图对于记忆、理解、信息管理、思维激发和思维整理都有不同程度的作用，让思维导图开始呈现出越来越多的运用方式。今天，在我们学习、生活和工作的各个环节，思维导图都在展现着它无穷无尽的生命力。

> **提示：** 很多人在制作思维导图的时候是尽量把所有的内容都放进思维导图的主题中。思维导图的主题内容尽量精简，如果把所有内容都放进去，会减少看思维导图的思考量，也做不到用思维导图去精简内容的作用。

2.1.3 思维导图的作用

成功都是规划出来的，思想决定行为，行为决定结果，在电子商务领域体现尤为明显。

电子商务从业者无论开设网店、店铺设计，还是店铺运营，都可以通过整理与提炼关键词绘制思维导图，用思维导图精准表达核心内容；电子商务创业团队也可以通过思维导图，细化商业模式、技术、支付、营销和运营等环节，通过思维导图梳理千丝万缕的思路，构建创业蓝图。图 2-4 所示为思维导图在电子商务领域的作用。

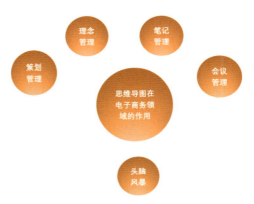

图 2-4　思维导图在电子商务领域的作用

在电子商务项目设计的初期，由于不具备系统的思考框架，设计出的产品原型往往缺少操作流程、页面、控件或者是没思考好用户的需求及页面设计的目的，使得整个页面在用户体验上十分粗糙。在开始设计制作原型前，使用思维导图可以很好地解决这些问题。

思维导图对于产品原型设计有什么作用呢？

1. 优化大脑，提高沟通效率

人的大脑就像计算机的 C 盘，装的东西多了，计算机就变得卡了，所以把一些资料存放在其他硬盘，能让它运行得更快。该记下来的就记下来，不要让大脑太累了，让大脑做真正该做的事。设计师每天要做的事情很多，要记的事情也很多。在开发网站之前，如果能用思维导图把想说的画出来，不但节省了很多与开发团队沟通的问题，而且更高效。

2. 防止记忆或沟通的遗漏

人的记忆有限，不可能记住所有的事情。当设计制作网页时，会有很多的功能点，不可能全部记住。设计师根据网站的战略、商业模式等把想要实现的功能逐一罗列出来，在与开发团队沟通时，就不会出现遗漏了。

3. 让自己的思路变得有条理

当看到所有任务都清晰地展示在眼前，对该做的事情也有所了解，就会慢慢发现，其实开发一个网站也没有那么难，逐个去解决和实现就可以了。不管是与开发团队还是外部的供应商、经销商、用户和其他合作伙伴沟通时心里就会有底，而且会非常有条理，先制作什么，后制作什么都会很清晰。

所以，如果想要开发一个电子商务网站或 App 项目，首先使用思维导图软件把自己脑海里想的全部画出来，可能就会发现很多之前没有想到的盲点。

> **小结：** 一个很小的想法，由思维导图启动，记录电子商务从业者每次的头脑风暴，让思路更清晰，简单化表达，提高团队沟通、协作的效率。这一切，每时每刻都会给电子商务领域带来与众不同的改变，进而改变我们的生活方式。

2.2 思维导图的操作流程

思维导图创建的常规操作流程分为创建中心主题、确立子主题、完善思维导图和优化思维导图 4 个步骤，如图 2-5 所示。

图 2-5 思维导图的操作流程

1. 创建中心主题

每一个思维导图都有唯一一个中心主题，它是思维导图的中心思想，围绕该主题延伸出许多具体的分支。图 2-6 所示为建立的中心主题。

图 2-6　中心主题

2. 确立子主题

确定中心主题后，即可拆分中心主题的属性，产生子主题，也称作分支主题或二级主题。分支主题为中心主题向四周属性延伸发散。图 2-7 所示为建立二级主题。

图 2-7　建立二级主题

3. 完善思维导图

每个分支是由子主题或图像通过线条与中心主题相连。分支主题继续分解属性，三级主题和更多子主题也会以分支形式层叠展现，一步步使思维导图的内容更丰满，最终构成一幅完整思维导图。

绘制的过程就是头脑风暴的过程。以每个主题／子主题为方向，通过思维碰撞，反复修改，作更详细的分析，最终得出最佳方案。图 2-8 所示为完整的思维导图。

图 2-8　完整的思维导图

4. 优化思维导图

完成思维导图的制作后，可对思维导图的外观进行优化，增强思维导图的可视性。目前常见的思维导图软件，内置模版或样式主题，只需一键即可简单换装。图 2-9 所示为思维导图优化后的效果图。

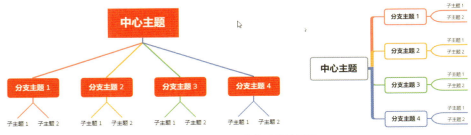

图 2-9　思维导图优化后的效果图

提示：从形态上划分，思维导图可以通过手工绘图和软件绘图两种方式绘制。随着信息技术的发展，思维导图软件功能也日趋完善，越来越多的人选择使用思维导图软件绘制的方式。

2.3　思维导图软件简介

目前流行的思维导图制作软件有很多，比较著名的有 MindMeister、XMind 和 MindManager，接下来分别介绍一下这 3 款软件。

2.3.1　MindMeister

MindMeister 软件是一款典型的思维导图软件，功能非常完善，由艺图软件公司研发。作为一款在线头脑风暴应用程序，MindMeister 以协作为设计理念，思维导图实时更新。可跨地点、多设备共享思维和创造的特点，在团队共创方面表现突出。

用户在浏览器中打开 MindMeister 的官网网站，如图 2-10 所示。注册并登录后，即可完成思维导图的绘制。

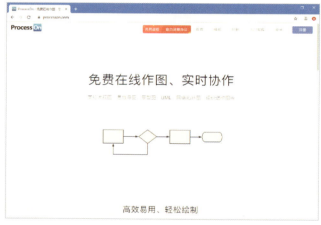

图 2-10　MindMeister 在线界面

2.3.2　XMind

XMind 是一款易用性很强的软件，通过 XMind 可以随时开展头脑风暴，帮助人们快速理清思路。XMind 绘制的思维导图、鱼骨图、二维图、树形图、逻辑图、组织结构图等以结构化的方式来展示具体的内容，设计师在用 XMind 绘制图形的时候，可以时刻保持头脑清晰，随时把握计划或任务的全局，它可以帮助人们在学习和工作中提高效率。

用户可以在 XMind 和 XMind ZEN 两个版本中选择使用，两者没有本质的区别，XMind ZEN 是一个在 XMind 基础上重新设计的版本，不但具备 XMind 全面的思维导图功能，同时还有重新设计的界面和交互方式。图 2-11 所示为 XMind ZEN 2020 的工作界面。

图 2-11　XMind ZEN 2020 工作界面

2.3.3　MindManager

MindManager 是一款国际化商业思维导图软件，是创造、管理和交流思想的工具，可添加图像、视频、超链接和附件，是业内专业的思维导图工具。

MindManager 提供了友好、直观的用户界面，可快速协助用户记录灵感和想法，有序地把用户的思维、资源和管理项目、项目进程组织为一个整体，极大地提高了用户的工作效率。图 2-12 所示为 MindManager 的工作界面。

图 2-12　MindManager 的工作界面

Mindmanager 与同类思维导图软件相比最大的优势是软件同 Microsoft Office 无缝集成，能够快速将数据导入或导出到 Microsoft Word、PowerPoint、Excel、Outlook、Project 和 Visio 中，使之在职场中有极高的使用人群，也越来越受到职场人士的青睐。

2.4　思维导图的基本类型

思维导图的基本类型有圆圈图、气泡图、树状图、桥形图、括号图和流程图 6 种，还有很多类型是由基本结构延伸得到的。例如气泡图可以延伸为双气泡图。

1. 圆圈图

圆圈图是由不同大小的圆圈组合而成的。位于中间的圆圈是中心主题，一般会偏大一点；位于四周的圆圈是分支主题，大小稍小一些。通过使用圆圈图，可以培养想象力以及联想力，如图 2-13 所示。

2. 气泡图

气泡图包括单气泡图和双气泡图，单气泡图就是有很多圆圈围绕中心主题所建立的；双气泡图是由两个气泡思维导图组建而成的，中间的部分是两个思维导图重合的部分，也就是两个关键词都具备的特性，如图 2-14 所示。

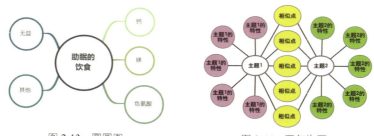

图 2-13　圆圈图　　　　　　　　　图 2-14　双气泡图

3. 树状图

树状图就如同一棵大树一样，该种类的思维导图主要适用于对知识点的归纳中，这样在后期使用的时候可以一目了然，如图 2-15 所示。

图 2-15　树状图

4. 桥形图

桥形图是一种类比图，整个造型和桥梁的水平地方与凸起地方很像，但是两者又是具有相关性的，如图 2-16 所示。

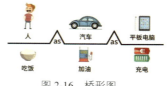

图 2-16　桥形图

5. 括号图

括号图与树状图的功能相似，最常使用的地方也是对知识点的归纳中，利用大括号对不同的主题进行详解，如图 2-17 所示。

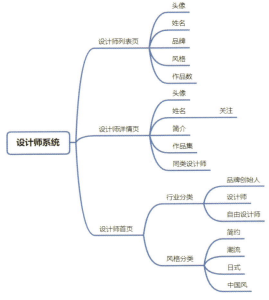

图 2-17　括号图

6. 流程图

流程图也是思维导图的一种，只是在绘制中流程图讲述的是某件事情或者是解决问题的方法，不同于思维导图是围绕中心主题进行搭建的，流程图通过流程图的先后顺序分析事物的发展状况以及内在逻辑，如图 2-18 所示。

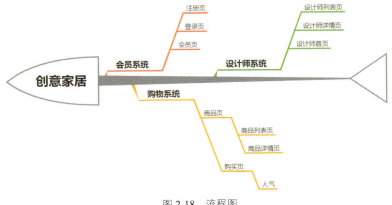

图 2-18　流程图

提示：思维导图可以有效地帮助我们理顺比较乱的内容，让我们对知识产生更清晰的认识。清晰的结构能够让制作过程更加简单，在复习思维导图的时候也能够让我们更快地理顺知识点。

2.5 任务一——绘制 App 会员系统思维导图

会员系统是通过划分普通用户与会员用户，有针对性地提供不同的产品和服务。通过会员系统用户管理，可以更加有效地掌握会员用户的资料，了解用户的兴趣爱好和消费习惯，挖掘用户意向需求；同时也可以进行用户分层，针对不同用户提供优质的个性化服务。

2.5.1 任务描述——了解 App 会员系统

事实上，会员系统不是电子商务出现以后才产生的，而是随着商业的诞生而发展，历史悠久。绝大多数电商做会员体系和积分体系的目的，都是为了提高用户活跃与留存，提高客单价或网站 GMV。

在开始设计会员系统之前，需要考虑清楚 3 个问题：

①这套会员系统能够给用户带来什么价值，这个价值是否为用户所切实需要；

②设计的会员系统通过什么渠道通路触达用户，让用户尽可能多地成为会员用户；

③在满足用户基于会员系统享受折扣等特权服务的基础之上，要想清楚这套系统能够给自家平台创造多大的价值，带来多大的销售增长。最直观的表现就是消费频次的提升和成交率（以及成交额）的增长，当然还有用户层面的留存与活跃提升。

想清楚这 3 个问题之后，再来思考是否真的要做一套会员系统，以及如何设计会员系统等执行层面的问题。而不应该一上来就头脑发热说我要做会员系统，做了之后就要提高多少交易额，活跃多少体量的用户，这种思路一开始就是错的。

开发人员不是为老板做产品，也不是为产品经理做产品，而是为用户做产品。所以始终要站在用户立场，着眼于用户的核心需求去设计产品，满足用户的需求，解决用户的问题。核心点不是"我想要怎么样"，而在于"用户想要什么"。

提示：产品思维的核心路径应当是基于"用户目标"提出一套解决方案，满足"用户核心需求"，创造"用户价值"；基于"用户价值"的创造，再来创造"产品价值"，以及如何实现"商业目标"，这样的思维方式才是正确且合理的。

会员系统具有收集会员资料、提升用户活跃与留存和促进交易增长 3 大作用。

1. 收集会员资料

会员系统能够收集会员资料，了解会员兴趣爱好和消费习惯，挖掘会员潜在购物需求；同时运营层面进行会员用户分层，针对不同层级会员进行精细化运营管理。

2. 提升用户活跃与留存

以积分、成长值、经验值等刺激和引导用户完成会员体系设计之初期望用户完成的相关动作，促进其积分、成长值的获取和增长，提高会员级别，是为提升用户活跃与留存。

3. 促进交易增长

会员成长值可以兑换积分，领取优惠券以及享受各级别会员服务，提供与普通用户差异化的产品功能与服务，促成会员的交易增长，同时提升会员荣誉感与被尊重感。

在设计会员系统之初，通过获取积分、成长值等，提升会员级别，以折扣价格购买商品，以及享受其他普通用户无法享受的服务，核心为"折扣 & 好产品好服务"，这是"用户价值"层面的考虑。完善会员体系，提升用户活跃与留存，提升客单价或网站总销量，核心为"交易额"，这是"产品价值或核心业务目标"层面的思考。

> **提示：** 在设计会员系统之前，一定要尽可能先考虑清楚这套会员系统是否能够很好地满足用户核心诉求，解决用户问题。如果不能，那你就要好好衡量下，是否真的有必要做了，千万不能为了做会员系统而着手去做。

本任务将绘制创意家居 App 项目的会员系统思维导图，通过思维导图的绘制，找到用户想要的、需要的，绘制完成的会员系统思维导图如图 2-19 所示。

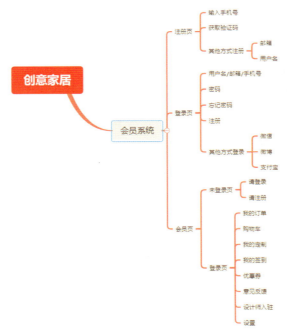

图 2-19　会员系统思维导图

2.5.2　技术引进——XMind ZEN 2020 初探

XMind 是一款功能强大的思维导图绘制软件，由于功能较多，启动速度也比较慢，而且很多用户只会使用其一部分功能，因此，就出现了体积更小，功能更有针对性，启动速度更快的 XMind ZEN 2020。

　　XMind ZEN 2020 功能更加简洁，界面和思维导图主题也非常漂亮，符合当下流行的产品理念，如果说 XMind 主打功能全面强大，面向需要更多专业功能的思维导图制作者，那么 XMind ZEN 2020 就主打美观快速时尚，符合主流人士的需求。

> 提示：XMind ZEN 2020 采用了 SNOWBRUSH 2.0 绘图引擎，XMind ZEN 2020 不是在 XMind 上的改进，而是 100% 重写了思维导图引擎，提升了思维导图软件打开和操作速度。

 安装并使用 XMind ZEN 2020

扫码看视频

　　步骤 01　在浏览器中打开 XMind 的官网网站，单击页面中的"免费下载"按钮，如图 2-20 所示。下载完成后，双击 XMind-ZEN.exe 文件，弹出"XMind ZEN 安装"对话框，开始安装软件如图 2-21 所示。

图 2-20　软件下载网页　　　　　　　　图 2-21　开始安装软件

　　步骤 02　稍等片刻即可完成软件的安装，弹出如图 2-22 所示的界面。选择一种样式后单击"创建"按钮，即可进入 XMind ZEN 2020 工作界面，如图 2-23 所示。

图 2-22　新建文件界面　　　　　　　　图 2-23　XMind ZEN 2020 工作界面

步骤 03 选中主题并修改文本，如图 2-24 所示。选中子主题并修改文本，如图 2-25 所示。

图 2-24　修改主题文本　　　　　　　　　　图 2-25　修改子主题文本

步骤 04 选中"会员系统"子主题，向左侧拖曳，效果如图 2-26 所示。选中主题，单击软件顶部的"子主题"按钮，添加子主题，效果如图 2-27 所示。

图 2-26　移动子主题　　　　　　　　　　　图 2-27　添加子主题

XMind ZEN 2020 支持深色主题，深色主题下更加护眼，方便在晚间进行思维导图的制作。人在专注的时候效率最高，ZEN 模式尽可能排除外界的干扰。配合快捷键制作和操作思维导图，可以进行沉浸式的思考，更冷静也更清晰。

执行"编辑 > 首选项"命令，在弹出的"首选项"对话框的"外观"选项右侧的下拉列表中选择"深色"选项，如图 2-28 所示。单击"应用"按钮，软件界面效果如图 2-29 所示。

图 2-28　设置"深色"模式　　　　　　　　图 2-29　深色软件界面

单击工具栏中的"大纲"选项，将进入大纲视图，如图 2-30 所示。思维导图视图可以很好地把握整体框架，大纲视图可以很好地整理逻辑思路，两者结合可以起到更好的效果。

单击工具栏中的 ZEN 按钮，将进入 ZEN 模式，如图 2-31 所示。ZEN 模式是 XMind 的特有模式，ZEN 模式帮助用户更好地专注于浏览思维导图，更好地进行思考，ZEN 模式排除了一些其他内容的干扰，让视觉聚焦在思维导图核心内容上，全神贯注地进行思维的发散和整理，得出更好的解决方案。

图 2-30　大纲视图　　　　　　　　　　　图 2-31　ZEN 模式

> 提示：很多人把思维导图神化，宣称有了思维导图就能够"无所不能"，其实思维导图仅仅是一个工具。虽然 XMind ZEN 是一个效率利器，判定思维导图是否有用的关键是能否借助思维导图提高工作和学习的效率。

2.5.3　任务实施——绘制创意家居 App 会员系统思维导图

扫码看视频

步骤 01　启动 XMind ZEN 2020 软件，弹出如图 2-32 所示的软件界面。选择默认的 Snowbrush 模式，单击"创建"按钮，软件界面如图 2-33 所示。

图 2-32　启动软件　　　　　　　　　　　图 2-33　设置页面尺寸

步骤 02 选中并双击中心主题，修改文本内容如图 2-34 所示。选中并双击分支主题 1，修改文本内容如图 2-35 所示。

图 2-34 修改中心主题　　　　　　图 2-35 修改分支主题

步骤 03 单击工具栏中的"子主题"按钮，添加"注册页"子主题，如图 2-36 所示。注册页主要服务第一次访问平台的用户。

步骤 04 继续选择会员系统主题，为其添加"登录页"子主题，如图 2-37 所示。用户完成注册后将通过登录页登录平台。

图 2-36 添加"注册页"子主题　　　　图 2-37 添加"登录页"子主题

步骤 05 平台中应包含一个会员专属页面，用户可以在该页面中查看所有与自己有关的内容，继续添加"会员页"子主题，如图 2-38 所示。

步骤 06 目前主流的注册方式是使用手机获取验证码的注册方式，为了避免输入过多内容消磨用户的耐心，注册时不需要用户输入其他信息。"注册页"子主题的添加如图 2-39。

步骤 07 为了满足不同用户的注册需求，用户也可以采用其他方式注册。继续添加如图 2-40 所示的子主题。

图 2-38 添加"会员页"子主题　　　　图 2-39 确定注册方式

步骤 08 注册完成后，用户需要在登录页面中输入注册信息登录平台，选中"登录页"主题，为其添加如图 2-41 所示的子主题。

图 2-40　其他方式注册　　　　　　　　　图 2-41　为"登录页"添加子主题

步骤 09　为了增加页面的黏合性，方便未注册的用户注册、忘记密码的用户操作，应为"登录页"主题添加如图 2-42 所示的子主题。

步骤 10　为了吸引更多的用户，应允许用户使用认知度比较高的账户登录，例如微信、微博和支付宝等账户，如图 2-43 所示。

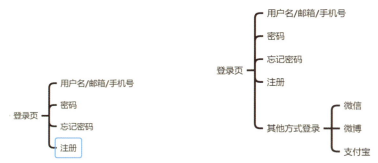

图 2-42　添加子主题增加页面黏合性　　　图 2-43　添加其他登录方式的子主题

步骤 11　"会员页"应分为未登录和登录两种状态，选中"会员页"主题，为其添加如图 2-44 所示的子主题。

步骤 12　为了保护用户隐私，未登录的会员页将只显示提示用户登录或注册的内容，如图 2-45 所示。

图 2-44　为"会员页"添加子主题　　　　图 2-45　为"未登录页"添加子主题

步骤 13　用户登录后，将在登录页中查看所有与自己相关的信息。选中"登录页"主题，为其添加如图 2-46 所示的子主题。

步骤 14　绘制完成的会员系统思维导图如图 2-47 所示。会员页的内容会随着平台内容的完善逐渐丰富。

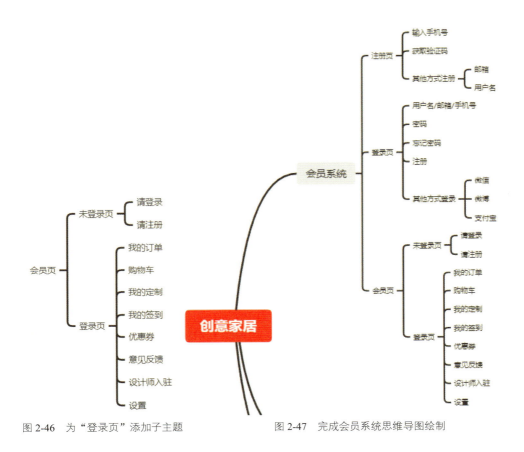

图 2-46 为"登录页"添加子主题　　　　　图 2-47 完成会员系统思维导图绘制

 **思维导图的关键词规则**

在绘制思维导图的时候也要讲究技巧，遵守一些规则，才能让思维导图发挥更大的作用。

1. 尽量用关键词而少用短语或句子

关键词是独立的意义单元，人的思考是基于关键词进行的。无论是听别人的演讲，还是整理自己的思想，最好的方式都是使用关键词而非句子或短语。在绘制思维导图的过程中，使用关键词是非常重要的，因为好的关键词有利于进一步联想和想象，从而进一步激发思考，而句子或短语却给联想和想象带来了不便。

2. 每条线上一个关键词

每条分支应该只有一个关键词，而不要出现多个关键词。因为多个关键词出现在同一分支上不利于思维的进一步发散和整理。

3. 当句子是独立意义单元时可以用句子

并不是说一定不能使用短语和句子，这要根据句子本身的性质以及思维导图的具体用途来决定。如果句子本身就是一个独立的意义单元且不可拆分时，那用句子也无妨，如诗句、对联、特殊用语等。

当思维导图的目的是向别人准确传达自己的思想而非激发思考时，使用短语和句子能规避一些误解。

2.6 任务二——绘制 App 购物系统思维导图

购物系统又称网上商城管理系统、网店系统、购物车程序等，用户通过购物系统查看待付款订单、待收货订单、待评价、退换 / 售后和全部订单。

在产品项目原型中，购物系统是平台的基本功能，通过购物系统，用户完成订单的选择、购买、支付、售后和反馈，是电子商务平台的核心内容之一。

2.6.1 任务描述——了解 App 购物系统

购物系统又称网上商城管理系统、网店系统、购物车程序等，是一个建设电子商务平台的程序。一般的购物系统多具备傻瓜性操作的特性，使用户能够顺利地完成从浏览到购买，再到支付的整个过程。

好的购物系统要遵循以下原则。

1. 以目标用户为主

任何设计都是基于目标用户的需求而设计的，其目的是为用户解决需求的同时提供更高的价值。在进行购物系统设计的时候，要明确目标用户的需求，为平台真正的目标用户设计，通过解决用户的核心需求和使用体验需求，给用户获得更高的价值。

2. 为核心需求设计

大量数据表明当用户对产品的使用流程超过 3 步还未解决用户需求的时候，用户对产品的使用情绪就会产生恶化。所以越简单、越易懂的设计才是用户最喜欢的。

因此，在进行购物系统设计时，在满足核心功能的条件下，界面信息、功能流程和交互样式等越简单越好。

3. 尊重用户习惯

市场上已经有很多成熟的电子商务平台，它们界面上的一些操作已经成为用户的操作习惯，我们在功能开发的时候应该顺应用户的使用习惯而不是改变它。然后通过一些技巧上的优化，让用户无须思考，简单学习即可操作。

4. 尊重用户的付出

购物系统应该支持保存用户的浏览、收藏记录：以便用户在不小心关闭页面之后还能在重新打开网站的时候通过网站浏览记录快速找到之前访问的内容。

创意家居 App 购物系统为用户提供商品浏览、商品购买和商品定制 3 种功能，绘制完成的购物系统思维导图如图 2-48 所示。

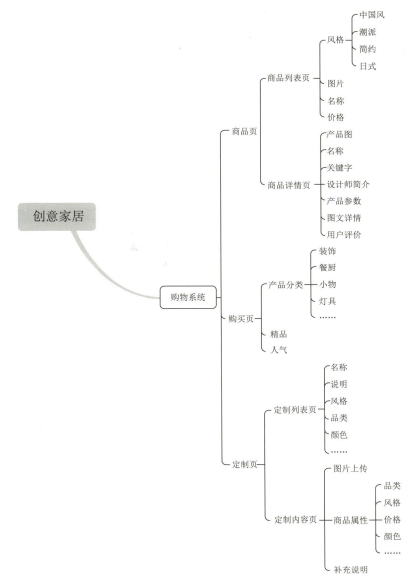

图 2-48 创意家居 App 购物系统思维导图

2.6.2 技术引进——使用快捷键绘制思维导图

使用 XMind ZEN 2020 绘制思维导图的过程中，熟练使用快捷键绘制，能达到事半功倍的效果，单击菜单栏中的任意菜单，弹出如图 2-49 所示的下拉菜单。菜单选项后面的字母组合即为执行该选项的快捷键，如图 2-50 所示。

图 2-49　下拉菜单　　　　　图 2-50　菜单快捷键

XMind ZEN 2020 中常用插入快捷键如表 2-2 所示。

表 2-2　XMind ZEN 常用插入快捷键

快捷键	用法	说明
Tab	选中主题后键入	为当前主题添加子主题
Enter	选中主题后键入	在该主题后添加同级别主题
Shift+Enter	选中主题后键入	在该主题前添加同级别主题
Ctrl+Enter	选中主题后键入	为该主题添加父主题
Ctrl+Shift+L	选中主题后键入	为该主题添加联系
Ctrl+Shift+B	选中主题后键入	为该主题添加外框
Ctrl+Shift+]	选中主题后键入	为该主题添加概要
Ctrl+Shift+N	选中主题后键入	为该主题添加笔记
Ctrl+K	选中主题后键入	为该主题添加超链接
Ctlr+1 ～ 7	选中主题后键入	快速添加 1 ～ 7 的优先级
双击任意空白处	双击任意空白处，将会在该处生成一个自由主题	

 自定义快捷键

扫码看视频

步骤 01 执行"编辑 > 首选项"命令,如图 2-51 所示。在弹出的"首选项"对话框中单击"快捷键"选项卡,如图 2-52 所示。

图 2-51 执行命令

图 2-52 "首选项"对话框

步骤 02 单击"新建思维导图"选项后面的按钮,如图 2-53 所示。单击⊗图标删除已有快捷键,如图 2-54 所示。

图 2-53 单击快捷键

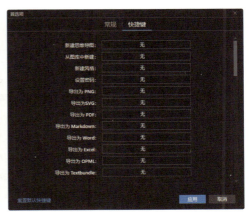

图 2-54 删除快捷键

步骤 03 单击"无"按钮,在键盘上按下想要设置的快捷键,如图 2-55 所示。单击"应用"按钮,即可完成快捷键的设置,如图 2-56 所示。

> **提示:** 单击"首选项"对话框底部的"重置默认快捷键"选项,会将快捷键恢复为软件默认的快捷键设置。

图 2-55　指定快捷键

图 2-56　完成快捷键的设置

扫码看视频

2.6.3　任务实施——绘制创意家居 App 购物系统思维导图

步骤 01　执行"文件＞打开"命令，将 2-5-3.xmind 文件打开，如图 2-57 所示。选择并修改"分支主题 2"主题为"购物系统"，如图 2-58 所示。

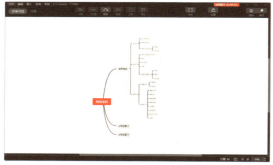

图 2-57　启动软件

图 2-58　修改主题文本内容

步骤 02　"购物系统"中包含供用户浏览的"商品页"，供用户购买的"购买页"和供用户定制商品的"定制页"，如图 2-59 所示。

步骤 03　"商品页"需要有展示商品的"商品列表页"和购买商品的"商品详情页"两个页面，如图 2-60 所示。

图 2-59　"购物系统"包含的页面　　　　图 2-60　"商品页"包含的页面

步骤 04 "商品列表页"中的每一件商品都应该包含如图 2-61 所示的内容。为了便于用户浏览，将商品的风格分类，如图 2-62 所示。

步骤 05 "商品详情页"是用户浏览商品的最终页，所有关于商品的信息都应展示出来，如图 2-63 所示。

图 2-61 "商品列表页"包含的信息　　图 2-62 商品的风格分类　　图 2-63 "商品详情页"包含的信息

步骤 06 "购买页"是用户购买商品的页面，为了便于用户购买，要将产品进行分类。还可以通过"精品"商品和"人气"商品等栏目促进用户购买，如图 2-64 所示。

步骤 07 按照家居产品的分类，对产品进行分类，如图 2-65 所示。"定制页"中应包含定制列表和定制内容两个页面，如图 2-66 所示。

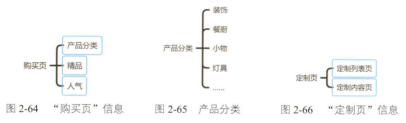

图 2-64 "购买页"信息　　图 2-65 产品分类　　图 2-66 "定制页"信息

步骤 08 "定制列表页"中将用户定制商品的详细信息展示出来，便于用户查找比较，如图 2-67 所示。"定制内容页"中则要为用户提供一个流程的定制过程，如图 2-68 所示。

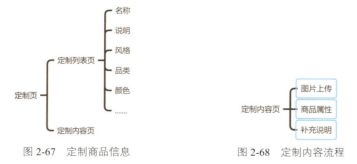

图 2-67 定制商品信息　　　　图 2-68 定制内容流程

步骤 09 定制商品的属性要尽可能表达清楚，避免沟通不畅，造成不必要的纠纷，如图 2-69 所示。绘制完成的购物系统思维导图如图 2-70 所示。

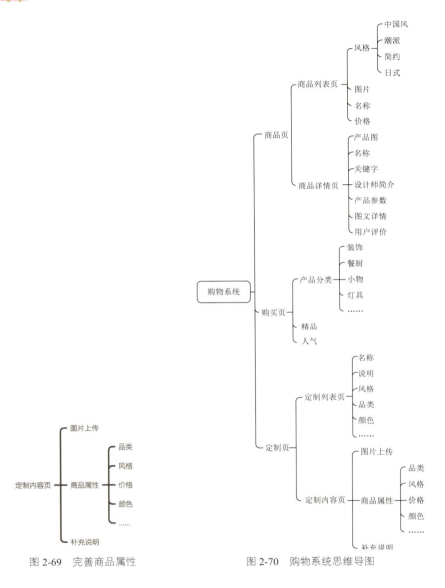

图 2-70　购物系统思维导图

图 2-69　完善商品属性

　思维导图的线条使用规则

　　线条的使用是思维导图成为非线性思维工具的关键因素，因为每一条线条都代表着一条思考的路径，而这个路径不是唯一的。绘制思维导图时，线条的使用要尽量遵守以下规则。

　　1. 尽可能使用曲线

　　使用曲线的主要目的是美观。而且，思维导图使用的曲线与大脑神经元结构非常相似，思维导图的中心主题类似于神经元的细胞核，而主分支和子分支类似于神经元的树突和轴突，或许这也有某种天然的巧合吧。

2. 线条由粗到细，线条的长度与线上的关键词等长

由粗到细的线条的目的：一是突出中心主题；二是美观。通过线条粗细的变化可以清晰地区分父节点和子节点，线条粗的一端代表父节点，而细的一端代表子节点，同级节点的线条最好保持在一个粗细水平。

线条的长度尽量与线上关键词的长度相当，这样让思维导图相对紧凑和美观。

3. 不同分支间可以建立关系

在绘制思维导图时，如果不同分支间存在着某种关系，就可以采用交叉连线建立关系，这也往往被视为创造性思维的体现。

2.7 任务三——绘制 App 设计师系统思维导图

设计师系统是用户了解平台作品的一个重要渠道，每个设计师都有自己的不同风格、品牌，在客户选择设计初期，都是通过 App 设计师系统对设计师进行初步了解。设计师系统是该 App 项目中的灵魂，也是该 App 独有的特点，肩负着满足目标客户独有的情感需求的任务。

2.7.1 任务描述——色彩对思维导图的影响

在思维导图中，同一分支的节点间关系要比不同分支的节点间关系紧密得多。可以认为，思维导图的每个分支都是一个意义相对完整的知识组块。因此，在绘制思维导图时，也尽量让一个分支只采用一个颜色，如图 2-71 所示，这样可以大大降低阅读时的认知负荷。

很多思维导图的颜色使用是非常随意的，这样会让思维导图显得非常混乱。还有些思维导图是一个层次一个主色调，这样同样是不合适的。通常父节点和子节点属于同一个知识组块，因此使用相同的颜色更合理；而主节点这个层次可以使用不同的颜色区分开，如图 2-72 所示。

图 2-71 一个分支一个色调　　　　　　图 2-72 父节点与子节点颜色相同

创意家居 App 设计师系统曰 3 部分内容组成，分别是设计师首页、设计师列表页和设计师详情页，绘制完成的设计师系统思维导图如图 2-73 所示。

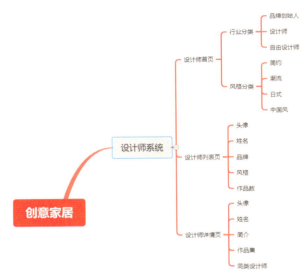

图 2-73　创意家居 App 设计师系统思维导图

2.7.2　技术引进——思维导图的格式化

默认情况下，使用 XMind ZEN 绘制的思维导图简洁大方，如果用户希望获得更加美观的效果，可以通过设置图标和格式等属性实现。

1. 图标

单击软件界面右上角的"图标"按钮，弹出如图 2-74 所示的面板。单击"显示图例"按钮，将在界面右上角显示图例，如图 2-75 所示。再次单击"隐藏图例"按钮，即可隐藏界面中的图例。

图 2-74　图标面板　　　　　　　　　　　图 2-75　显示图例

选中任意主题，单击"标记"面板中的图标，即可将图标添加到主题前和图例中，如图 2-76 所示。单击"贴纸"选项卡，用户可以通过单击图标实现贴纸的使用，使用效果如图 2-77 所示。

图 2-76　使用图标　　　　　　　　　　图 2-77　使用贴纸

单击思维导图中的标记图标，弹出如图 2-78 所示的面板。用户可以通过单击面板中的图标更换图标效果；单击面板右侧 🗑 图标，可将图标删除，如图 2-79 所示。

选中思维导图中的贴纸图标，如图 2-80 所示。单击键盘上的 Delete 按钮，即可将其删除，如图 2-81 所示。

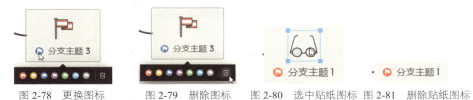

图 2-78　更换图标　　图 2-79　删除图标　　图 2-80　选中贴纸图标　图 2-81　删除贴纸图标

2. 图片

除了使用"图标"面板为思维导图添加图标以外，XMind ZEN 允许用户通过直接拖曳的方式使用外部图片素材。

拖曳到软件界面中的图片将自动作为主题使用，如图 2-82 所示。拖曳到主题上的图片将作为贴纸使用，如图 2-83 所示。

图 2-82　将图片拖曳到界面中　　　　　图 2-83　将图片拖曳到主题中

3. 格式

选中任意主题，单击软件右上角的"格式"图标，弹出如图 2-84 所示的面板。用户可以在"样式"选项下设置思维导图的结构、形状、文本和分支效果，如图 2-85 所示。

图 2-84　"格式"面板　　　　图 2-85　设置样式

单击"画布"选项卡，用户可以在"画布"选项下设置思维导图画布的背景颜色、结构高级布局和中日韩字体，如图 2-86 所示。

图 2-86　"画布"选项卡

　格式化思维导图

扫码看视频

步骤 01　执行"文件 > 新建"命令，新建思维导图文件，如图 2-87 所示。单击"格式"按钮，在弹出的面板中单击"画布"选项卡，如图 2-88 所示。

图 2-87　新建思维导图文件　　　　图 2-88　打开"格式"面板

步骤02　单击"背景颜色"选项后的色块，在弹出的面板中选择一种颜色作为背景色，效果如图2-89所示。单击"结构"选项后面的图标，在弹出的面板中选择一种结构，如图2-90所示。

步骤03　分别勾选"彩虹分支"和"线条渐细"复选框，效果如图2-91所示。单击"样式"选项卡，单击"形状"选项后面的图标，如图2-92所示。

图 2-89　设置画布背景色　　　　　　图 2-90　设置结构

图 2-91　设置分支和线条　　　　　　图 2-92　设置主题形状

步骤04　在"样式"面板的"文本"选项下设置文本的属性，效果如图2-93所示。单击"分支"选项后面的图标，在弹出的面板中选择一种分支样式，效果如图2-94所示。

图 2-93　设置文本　　　　　　　　　图 2-94　设置分支样式

任务实施 绘制创意家居设计师系统思维导图

步骤 01 执行"文件 > 打开"命令，将 2-6-3.xmind 文件打开，如图 2-95 所示。选择并修改"分支主题 3"主题为"设计师系统"，如图 2-96 所示。

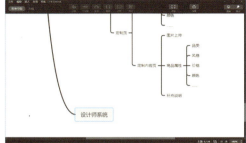

图 2-95　启动软件　　　　　　　　　　图 2-96　修改主题文本内容

步骤 02 设计师系统包括"设计师首页""设计师列表页"和"设计师详情页"，如图 2-97 所示。"设计师首页"中应按照行业和风格进行分类，以便于用户快速访问感兴趣的内容，如图 2-98 所示。

图 2-97　"设计师系统"页面　　　　　　图 2-98　"设计师首页"内容

步骤 03 行业分类可以按照设计师的类型区分，如图 2-99 所示。风格分类可以按照商品的风格划分，如图 2-100 所示。

图 2-99　"行业分类"页面　　　　　　图 2-100　"风格分类"页面

步骤 04 "设计师列表页"的主要功能是帮助用户快速查找感兴趣的设计师，页面中要清晰展示每一个设计师的基本信息，如图 2-101 所示。

步骤 05 为了避免用户对当前设计师不满意而离开网页，在"设计师详情页"中增加"同类设计师"栏目，如图 2-102 所示。

图 2-101 "设计师列表页"内容　　　　图 2-102 添加"同类设计师"栏目

步骤 06 "设计师详情页"中要将设计师所有的信息展示出来并突出优点，如图 2-103 所示。为了增加用户的回访，可以在设计师姓名位置添加一个"关注"选项，便于用户下一次访问时快速找到，如图 2-104 所示。

图 2-103 "设计师详情页"内容　　　　图 2-104 添加"关注"栏目

步骤 07 单击软件界面右上角的"格式"按钮，单击"画布"选项卡，勾选如图 2-105 所示的复选框。拖动二级主题，调整思维导图布局，效果如图 2-106 所示。

图 2-105 格式化思维导图

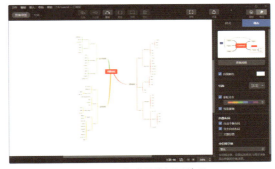

图 2-106 完成思维导图效果

 **思维导图的图标使用规则**

图标的使用除了可以使思维导图更加美观以外，形象的图标和图像更有利于理解。绘制思维导图时，图标的使用要尽量遵守以下规则。

1. 尽量使用中心图像

使用中心图像主要是为了突出中心主题。因为图像比较形象直观，比文字更能吸引人的眼球，因而可以让读者一眼就找到思维导图的中心所在。

使用中心图像的另一个好处是促进联想和想象。一图胜过千言，图像总是比抽象的文字包含更多的信息，因而能引发更多的想象。当然，选择一个美观的中心图像一定会为思维导图大大加分。

2. 表达的内容相一致

为了有效发挥促进联想和想象的功能，图像、图标的选择一定要与节点内容密切相关，最好是能引发进一步联想的、有实际意义的。

3. 不宜太多

图像、图标的使用有两个好处：一来可以引发更多的想象空间以激发思考；二来可以美化思维导图。但是过多的图像使用会让思维导图陷入另一个极端，而失去其真正的方向。

4. 子节点中使用的图像不宜大于父节点以及中心节点

子节点使用的图像不宜大于父节点以及中心节点的图像，子节点的图像过大，容易让读者将注意力集中到子节点上，导致喧宾夺主，同时对读图也产生了一定的认知干扰。

2.8　本章小结

本章主要围绕创意家居 App 电子商务项目思维导图的绘制展开。在项目开发的调研、需求、设计、开发、测试、策划和市场等环节协作中，思维导图是研发团队成员沟通的核心点。通过本章的学习，读者应掌握思维导图的概念、意义和作用。同时应了解常用的制作思维导图的软件，为后面章节的学习打下良好基础。

习题答案

2.9　课后习题

完成本章内容学习后，接下来通过几道课后习题，测验一下读者学习思维导图 XMind 软件的效果，同时加深对所学知识的理解。

2.9.1　选择题

1. 下列选项中不属于思维导图的特征的是（　　　）。

A. 主干发散　　　　　B. 层次分明　　　　　C. 节点相连　　　　　D. 内容全面

2. XMind ZEN 软件生成文件的扩展名是（　　　）。

A. xmind　　　　　B. mmap　　　　　C. xlsx　　　　　D. docx

3. 思维导图对于产品原型设计的作用是（　　　）。

A. 关键信息及属性的提炼　　　　　B. 团队沟通的工具

C. 策划环节思维碰撞的产物　　　　　D. 以上都有

4. 思维导图的结构在（　　　）里进行设置。

A. 工具箱　　　　　B. 画布　　　　　C. 风格编辑器　　　　　D. 样式编辑器

5. 思维导图可以输出（　　　）文件类型。

A. 图片　　　　　B. Word

C. PDF　　　　　D. 以上文件类型都可以

2.9.2 填空题

1. 思维导图的本质在于_____和_____。

2. 创建思维导图主要分两步，第一步提炼_____，第二步把它图形化，图形化的过程就是思维导图创建的过程。反复修改关键词及属性就是思维碰撞、激发灵感的过程。

3. 在 XMind ZEN 中，快速建立子主题，选定上级主题按_____键来实现。

4. 思维的主题有一个"主题"和若干"子主题"两类，_____围绕_____进行说明。

5. 为了得到风格各异的思维导图，可以用_____和_____格式化思维导图。

2.10 创新实操

根据本项目所学内容，创建体育社交 App 项目——"拼动动"的思维导图，具体要求如下。

思维导图中需要包含以下栏目。

- 进入方法：用户注册和登录。
- 场地：分远郊、城八区两大类。
- 交通：百度地图、高德地图。
- 运动设备：以定位方式，显示周边运动装备专卖店位置。
- 运动数据：提供运动数据天、周 、月对比。
- 朋友圈：分享，展示圈内运动好友生活瞬间、感悟等。
- 大型活动：分已完成、正在进行、未来可约几种状态的大型活动。

第3章

电子商务项目草图制作

——使用草图确定项目内容和布局

在电子商务项目的早期阶段，设计师对于产品的功能及业务场景都处于规划阶段，没有明确成熟的产品方案。这个阶段充满了可能性和可修改性，团队成员在进行项目规划时，通常都是使用草图进行讨论，这是由于草图的设计成本很低，且能够随时进行修改。图3-1所示，为一款电子商务项目的设计草图。

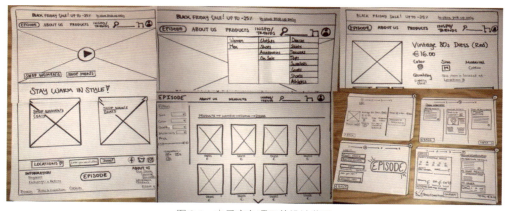

图 3-1　电子商务项目的设计草图

> **提示**：草图是给客户、同行以及产品经理看的，作为灵感与实现需求与设计之间的桥梁。因此，要绘制草图一定要有设计道理。

3.1　了解草图的概念

一名优秀的设计师不仅要有好的构思和创意，还要能通过一定的表现形式将其表达出来。构思和创意要想被感知，必须通过某种特定的载体转化，草图是表达设计创意与构思、捕捉记忆最直接、最有效的手段。

草图是人们进行创作或设计构思时，通过记录和方案推敲绘制的不"正规"图。是用来反映、交流和传递设计构思的符号载体，如图3-2所示为只显示页面布局的线框草图。

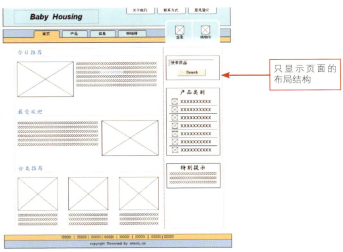

图 3-2　只显示页面布局的线框草图

　　在开发建设电子商务项目时，草图表达了设计师的设计雏形，能够帮助设计师进行方案推敲、捕捉概念、记录想法、图纸表达和沟通。

　　电子商务项目中的草图以能够说明项目的基本意向和概念为佳，通常不要求很精细，不用看到项目的具体细节，通常可以采用手绘的方式，不一定依赖软件。图 3-3 所示为电子商务网站网页手绘草图。

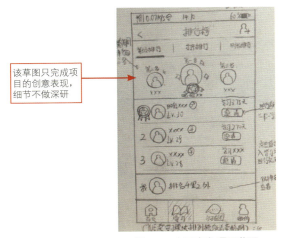

图 3-3　电子商务项目草图

　　提示：草图不是一个目标，是设计师通过图解思考并最终形成设计概念的工具。草图是把设计构思转化为现实图形的有效手段，用来记录设计制作的一种手段和过程。

在草图设计中，把大脑中构思的布局轮廓绘制出来，属于项目的创造、设计阶段，不追求效果和准确，不讲究细腻工整，也不必考虑细节。草图制作中，如果涉及的界面较多，可以利用原型制作工具如 Axure RP 进行制作。

原型草图可表达出基本的界面功能及内容布局，利用基本的几何图形如方框、圆和一些线段表达产品雏形，只需要参与讨论的人员明白大概意图即可。一般而言，草图应包含屏幕上要有的功能区块、各个区块之间的顺序和体现流程的设计 3 个关键点，图 3-4 所示为屏幕上的功能区块、区块的顺序和动态流程的设计。

图 3-4　草图包含的关键点

3.2　了解草图的特点

草图作为电子商务项目策划实施的工具，是设计师设计理念的实体化形式，其本质是用来解决问题，一般来说，草图有以下几个特点。

1. 自由性

草图是最自由的设计，不受时间和空间等形式的限制，灵感出现的时候可以随时随地勾画记录，并且能够迭代设计。草图作为建议、探索的工具，还可以自由修改，直至方案确定下来。图 3-5 所示为初始的手绘草图，设计师在此基础上可以随意修改。

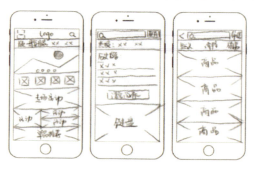

图 3-5　初始的手绘草图

2. 迅捷性

设计师利用草图能够最大限度地捕捉脑海中的闪光点，然后快速对局部进行推敲、完善，对多个方案进行对比，从而得到理想的设计方案。

3. 低成本

绘制草图所需资源很少，手绘草图只需要纸和笔即可。

4. 概括性

草图是一种可视化的、更加清晰有效的沟通方式，简练明确的表达创意，草图的表现力直接影响到产品设计流程中的信息沟通。

> **提示**：想要创建良好的电子商务项目草图，首先要了解用户的需求，需要做好用户分析调研，不断从用户那里获得反馈信息，根据需求方的商业模式进行草图开发。

3.3 草图功能的表现

电子商务项目草图是设计师从创意模糊到清晰的中间环节，它所带来的特殊作用是无法预见的，其意义在于在设计初期阶段，尽可能地把一个设计意图表达清楚，形式在这个阶段是服务于设计意图表达的，不准确没关系。草图作为设计师思维展示的工具，其功能主要表现为以下几点。

3.3.1 表达设计师的构想

草图的绘制过程是设计师反复思索自我表现的过程，使用草图可以很好地表达开发者的想法。捕捉灵感绘制草图，有利于减轻记忆的负担，取代大脑的存储功能，这样大脑只需要处理这些图像而不用记忆它们。

图 3-6 所示为一款电子商务网站的首页页面草图，草图有利于检验方案的可行性，进一步明确设计构想。

图 3-6　电子商务网站草图

3.3.2 便于与客户沟通

草图是设计师与客户交流的桥梁，在电子商务项目过程中，因草图设计构思灵活、思路开阔，给客户直观的视觉感受，为开发者和客户之间更好地交流打开了大门。项目越复杂，在推进之前，就要越早向客户确认构想，确保得到客户的认可。

对于一个普通客户来说，草图更加直观、更容易理解，向客户展示草图，可以节约大量的时间，沉淀创意，使开发者和客户之间的沟通更加顺畅，图 3-7 所示为电子商务网站二级页面草图，该手绘草图清晰明了，简单易懂，可让客户迅速理解设计意图。

草图是开发者与客户顺利沟通的模式，开发者在创意过程中的一些灵感和设想通过草图方式提供给客户，从而使得双方的交流更为顺畅，并达到双方一致的目的。开发者也会根据客户的意见随时在图纸上进行标记和更改。

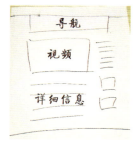

图 3-7　电子商务网站二级页面草图

　　一旦草图方案敲定，设计就可以进入下一个流程，利用 Axure RP 进行高仿真原型设计。图 3-8 所示为使用 Axure RP 制作的电子商务网站首页和二级页面高仿真原型页面。

图 3-8　Axure RP 制作的高仿真原型

　　提示：采用手绘草图和客户进行沟通交流，手绘风格能够自然拉近与客户之间的距离，经过不断的修改，最终还是要以客户的需求为终极目标。

3.3.3　便于团队之间交流

　　在电子商务产品设计的过程中，产品的整体功能布局、框架结构以及交互实现的可行性。往往需要与产品相关人员进行反复的交流和沟通，设计师可以通过草图来及时表达自己的想法，将产品的布局、结构和交互等主要内容表达出来，共同评价草图方案的可行性，以达成初步的设计意图，进一步完善设计。

　　电子商务项目草图的质量直接关系到企业对设计方案的决策，开发者一些好的设计构想和想法，一定要从草图中表现出来，要能让团队的所有成员包括产品经理、业务分析人员等都能看懂，而且发散思维尽量多出几个创意，方便大家讨论完成方案。

　　草图作为团队之间分享、沟通、交流的最直观高效的工具，可以更有效地激发项目参与者的参与意识和积极主动的态度。图 3-9 为某电子商务项目的两个方案的草图。

图 3-9 某电子商务项目的两个方案的草图

> **提示：** 在构思 App 页面、布局、思考功能流程或者脚本的时候，可随时随地采用最直接有效的手绘草图，不必拘泥于计算机工具软件的使用等因素而分散注意力。草图有着超强的表达能力，无论是用户还是产品经理等团队成员，都能够通过草图理解开发者的设计意图。

在原型设计初期阶段，设计者需要用草图探讨各种不同的设想和形式，并以更多的草图反复深化设计与客户交流沟通，以便达成需求共识；设计过程中，通过与团队成员的商讨，不断修改草图，完成项目方案。

创意和草图互相联系又互相作用，图形思考促进了交流，这种交流又刺激了思考，思考支持了草图，草图又反映了思考。草图通过讨论到最后确定的推演变化，会成为电子商务项目的原型，为成品的完美实现做准备。图 3-10 所示为体育社交 App 项目的原型设计过程。

项目的设计过程离不开推敲和完善，在实际工作中，电子商务项目的开发者将草图勾画出来，逐层深入，从整体上对设计过程进行把握，避免因为设计方向的错误而费时费力。在电子商务项目产品设计过程中，产品的整体功能布局、页面框架结构及交互效果的实现等，往往需要与产品经理等团队人员进行反复的交流和沟通，共同评价草图方案的可行性，以达到初步的设计意图，进一步完善自己的设计，通过反复的研讨和修改才能够得到更加优良的产品设计。

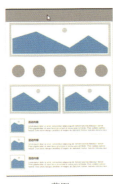

基本页面结构　　　　　　草图　　　　　　高仿真原型

图 3-10 体育社交 App 项目原型设计过程

069

3.4　草图常见的表现形式

草图可以是纸质，也可以是由软件制作的简单图形，只要能传达设计师的想法和概念，做一个简单的初始交流就可以。

草图并没有一个规范，可以用实际文字代替字段标签，也可以画几条线来表示某个位置需要放一个标签。如果要画一个应急草图，可以只用线条画出屏幕上的功能区块即可，低保真度的，如果字段顺序很关键，而且又需要传达出这种顺序，可以采用保真度高一点的线框图。电子商务项目草图从表现方式上可以分为构思草图和设计草图。

> 提示：可以利用草图在产品初始阶段以最快的方式展示设计思路，通过草图来构思、捕捉想法、探索设计，前期草图的绘制与设计是一个良好设计的铺垫。

3.4.1　构思草图

在项目设计中，构思草图一般使用笔纸等简单工具徒手绘制，也就是在项目设计前期进行设计构思的研究型手绘草图。它可以帮助设计师迅速地捕捉头脑中的设计灵感和思维路径，并把它转化成形态符号记录下来。在产品设计初期，设计师头脑中的设计构思是模糊的、零碎的，当在某一瞬间产生了设计灵感，尽量用简洁、清晰的线条通过手中的笔尽快地表现出来。

在早期的构思过程中，需要一个个验证构思概念并选择确认最终所选，手绘草图是非常实用的一种方式。例如，在设计制作某一手机 App 的首页时，其构思草图经历了以下几个阶段。

图 3-11 所示为初步手绘草图：基本的结构草图，明确几个主要的功能分区，以及基本的布局形式等。

图 3-12 所示为改进手绘草图：局部细节的加强，考虑到操作的便利性，加了五个图标快捷功能键。

图 3-13 所示为确定手绘草图：基于避免误操作和操作干扰方面的因素，把五个快捷功能键移到了屏幕的中间，确定最终手绘草稿。

图 3-11　初步手绘草稿　　图 3-12　改进手绘草稿　　图 3-13　确定手绘草稿

通过手绘，可以快速将想法转化为实际内容，并快速测试和验证。在项目设计初期，设计师通过构思草图从模糊的可能性中捕捉到一些推动设计走向下一步的重要因素，为设计的推进奠定基础，在缩减成本的同时发展更具原创性的方案草图。

构思草图可以主要围绕名称、图案、图文结合还是纯文字表现展开，图 3-14 为纯文字形式并对字体做一定变形设计的手绘草图。

图 3-14　文字变形的手绘草图

由于构思草图阶段是项目设计的展开阶段，这一阶段的画面可以仅仅是几根线条或者是一个大体的轮廓，但却能够表现出设计师的设计构思和设计理念，因此，构思草图不会拘泥于整体形式与结构。图 3-15 所示为某手机 App 页面手绘的构思草图。

可以看出，虽然构思草图的线条非常简略而且模棱两可，但却为最终的设计创意和表现手法提供了更多的思路和可能性。它快速准确地将设计师的设计思维直观展现出来，能够更加便捷地与客户进行交流沟通，构思草图作为表达形式的重要组成部分在项目设计中发挥着不可替代的作用。

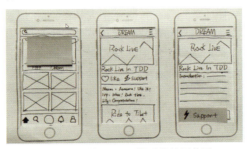

图 3-15　手机 App 页面手绘构思草图

> **提示：** 构思草图是相对产品开发而存在，是一个记录项目设计各种构想的原始文件夹。构思草图的关键是把脑子里的想法展现出来，有形象、有逻辑，可以随意修改，重于意而不在乎形。

3.4.2　设计草图

设计草图是在前期构思草图的基础上经过整理、选择、修改和完善的草图，是一种近乎正式的草图方案。在电子商务项目中，设计草图推荐使用 Axure RP 软件绘制线框图，线框图是一种低保真且静态的呈现方式，只要能明确表达内容大纲、信息结构、导航和布局即可，用于团队之间的讨论和反馈。

图 3-16 所示为典型的手机 App 的页面线框图。线框图中将 App 中所有的页面及页面之间的关系清晰地展示出来。每个页面中都将其内容清晰地展示出来，并保证界面有序排列。设计草图可以明确表达设计师的设计想法，无须过多的视觉效果。

图 3-16 手机 App 页面线框图

电子商务网站草图的制作好与坏，直接决定网站前期的关键词排名和网站近期的优化发展速度，它决定了网站的格局和网站的优化方向。设计师要根据网站特有的需求去设计，研究关键词，站在用户的角度考虑，从而对电子商务项目做一个价值定位，做好页面布局和导航头部的设置。

3.5 电子商务页面布局

网站的页面结构对电子商务网站的成败尤为重要。合理的页面结构既可以有利于产品的分类，又便于用户快速查找想要的产品。而正确的配色可以第一时间吸引浏览者，刺激消费。

3.5.1 页面结构

网页页面结构种类很多，常见的有满版型、分割型、骨骼型、曲线型、中轴型、对称型、倾斜型、焦点型、自由型和三角形等。图 3-17 所示电子商务网站页面采用了骨骼型布局方式。

骨骼型布局是一种规范的、理性的分隔方法，类似于报刊的版式。常见的骨骼有竖向通栏、双栏、三栏、四栏和横向的通栏、双栏、三栏和四栏等。一般以竖向分栏为多。这种版式给人以和谐、理性的美。几种分栏方式结合使用，既理性又活泼，页面如图 3-18 所示。

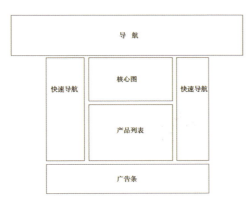

图 3-17　骨骼型布局方式

图 3-18　采用骨骼型布局的页面

3.5.2　导航设置

　　页面顶部和左右两侧布局页面导航。导航的任务就是清楚地告诉用户将前往信息架构中的什么地方。最初可以只是指定链接，随着进一步设计导航，最终会把用户所做的一切都展示在狭小的屏幕空间里。

　　用户对每个信息的搜索行为都要通过特定的导航工具才能完成，按照其功能的不同可以分为 3 种导航工具：结构导航、关联导航和可用性导航。

1. 结构导航

　　结构导航表示网站内容的层次结构，通常会采用全局和局部导航的形式。全局导航一般是网站的顶层类别，通过全局类型很容易地访问到网站中最重要的内容。局部导航会引导用户到达网站层次结构中临近用户当前所在位置的层次，如图 3-19 所示。

图 3-19　局部导航

　　提示：结构导航对有目的查找和试探性查找尤其有用，有时也对"不知道自己需要什么"的那些用户有帮助。

2. 关联导航

　　关联导航将一个页面与包含类似内容的其他页面相关联，特别适合"试探的查找"，并且可以帮助用户发现他们"原本不知道"但却应该知道的信息，如图 3-20 所示。

图 3-20　关联导航

> **提示**：用户搜索时提出例如"下一步是什么""怎么才可以""还需要了解什么"
> 等问题时，关联导航可以很好地解决。

3. 可用性导航

可用性导航实现了页面与帮助访问者使用网站本身的特性之间的关联。例如会员登录、访问用户信息和搜索等功能，如图 3-21 所示。网站中主要内容组织以外的所有内容都可以归纳为可用性导航，它对网站的功能设计非常重要。

图 3-21　可用性导航

导航是一个网站的指路标，用户在没有导航的网站中寸步难行，对于电子商务网站来说更是如此。导航看起来很简单，但在界面设计中却是最烦琐、最复杂的一部分。

3.6　电子商务页面设计规则

为了使站点更方便目标客户使用，电子商务网站网页设计需遵循下面 5 个规则：页面易读、容易浏览、方便查找、风格布局保持一致、页面快速下载。

1. 页面易读

互联网的用户来自各行各业，他们可能使用不同的硬件，不同的系统，不同的浏览器，不同的网络服务商浏览网站。为了保证用户获得相似的用户体验，设计师要尽可能考虑更多的细节，以满足页面的易读性。下面列出了页面易读方面的一些要求。

（1）文本的字体设置要适中，不易太小或者太大。如果站点是服务于视力损伤的客户，则在字体大小的设置上应该进行调整。

（2）所有图片上的文本都应该清晰易读。高对比度的颜色以及字体对于图片的易读性是非常重要的。

（3）文字的颜色也很重要，不要使背景的颜色冲淡了文字的视觉效果，一般来说，以淡色背景下的深色文字为佳。

（4）为方便或快速阅读可将网站的内容分栏设计，合理的双栏设计要比满满一页的视觉效果好很多。

（5）电子商务网站要考虑使用鼓动性和吸引性的语言。词语要正确得体，避免语法混乱，错字连篇。

（6）页面中如果使用动画，动画播放速度不要太快。最好动画循环一次后，用户就能捕捉到全部信息。

（7）在设计模板阶段，要尝试在不同的浏览器、不同的平台、不同的网络连接状态测试。除了要注意浏览器显示的不同外，还要考虑显示器分辨率的适配问题。

2. 容易浏览

为了便于用户浏览，随时在站点中找到想要查的内容，站点中应该提供站点地图、帮助部分、站点搜索等功能，如图 3-22 所示。要让浏览者时刻清楚当前在哪儿，想去哪儿，去过哪儿。同时设计师也要通过为超链接设置丰富的样式，便于用户访问。例如指定超链接颜色，超链接访问过颜色，添加下画线等操作。

图 3-22　站点地图

3. 方便查找

网站提供的独特的产品、服务，以及信息应该很方便用户登录站点后找到。为用户提供搜索功能，可以便于用户搜索感兴趣内容，并快速找到。一个解答经常被问到的问题（FAQs）的网页也是非常重要的。

4. 风格布局保持一致

为了使浏览者对整个网站有深刻的印象。网站的设计风格和布局应该保持一致。且站点中的每一个网页中使用的字体、样式，设置颜色都应该一样。同时页面中所有的图片尺寸差距也尽可能小。如果对图片使用了阴影等样式效果，则其他所有图片，都应该采用相同的样式。

5. 页面快速下载

如果一个网站页面在 5 秒内不能打开，浏览者通常会选择离开。所以页面的下载速度成了网站是否能留住浏览者的关键因素。通过设计师的优化，尽可能地让网页简单，加快页面的下载速度。要提高电子商务网页的下载速度，需要注意以下几点。

（1）用户更在意电子商务网站上提供的产品、服务和信息。所以在设计上可以尽量简洁。

（2）产品图片使用小图片，同时给用户查看大图的入口。

（3）使用 HTML 可以轻松地控制图片显示的大小。但是所有图片应该在图像处理软件中重新调整大小。

（4）尽可能地使用相同的图片，也可以地减小页面的大小，提高页面下载的速度。

（5）再保证效果的前提下，减少动画、视频和音频的使用。

3.7　任务一——设计制作 App 启动页面草图

启动页面是一个 App 启动的第一个页面，通常包括启动页面和开屏广告页面两部分。启动界面能够第一时间向用户传达 App 的功能和应用范围；开屏广告则通过图片和文字吸引用户，使用户对 App 的功能和内容产生兴趣。

3.7.1　任务描述——了解 App 启动界面

为了能够让用户在极短的时间内了解页面的内容，启动页面中通常只会放置图片和少量文本。放置 App 的图标能够让用户通过色彩、图形等元素对 App 产生初步的了解；简单直接的文本能够帮助读者快速了解该 App 的用途。

本任务将使用 Axure RP 9 制作创意家居 App 的启动页面草图，通过草图的制作，帮助开发人员确定页面策划内容和基本布局，完成的草图效果如图 3-23 所示。

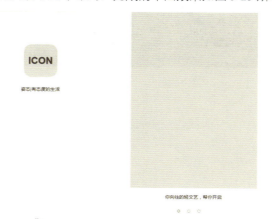

图 3-23　启动页面草图效果

3.7.2　技术引进——Axure RP 9 初探

Axure RP 是美国 Axure Software Solution 公司的旗舰产品，是一个专业的快速原型设

计工具。让负责定义需求和规格、设计功能和界面的专家能够快速创建应用软件或 Web
网站的线框图、流程图、原型和规格说明文档。

作为专门的原型设计工具，它比一般创建静态原型的工具，如 Visio、Omnigraffle、
Illustrator、Photoshop、Dreamweaver、Visual Studio、FireWorks 要快速、高效。目前
Axure RP 的最新版本为 9.0，软件界面如图 3-24 所示。

图 3-24 Axure RP 9 工作界面

Axure RP 9 为用户提供了明亮和黑暗两种界面外观模式，用户可以根据个人的喜好
选择不同的界面外观。

默认情况下，Axure RP 9 使用明亮模式作为软件界面外观，执行"文件 > 偏好设置"
命令，弹出"偏好设置"对话框，如图 3-25 所示。在"常规"选项卡的"外观"选项下
选择"黑暗模式"选项，如图 3-26 所示。

图 3-25 "偏好设置"对话框　　　　　　图 3-26 选择"黑暗模式"选项

"偏好设置"对话框效果如图 3-27 所示。单击"完成"按钮，完成更改软件界面外
观为"黑暗模式"的操作，软件界面效果如图 3-28 所示。

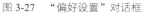

图 3-27 "偏好设置"对话框

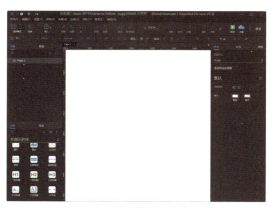

图 3-28 "黑暗模式"软件外观

> **提示**："黑暗模式"的软件界面外观更有利于将用户的注意力集中在原型制作上。但是为了获得更好的印刷效果，便于读者阅读，本书中将采用"明亮模式"的软件界面外观学习。

用户可以通过互联网下载 Axure RP 9 的安装程序和汉化包，安装并汉化后即可开始使用软件完成原型的设计制作。

1. 下载并安装 Axure RP 9

在开始使用 Axure RP 9 之前，需要先将 Axure RP 软件安装到本地计算机中，用户可以通过登录官方网址下载需要的软件版本，如图 3-29 所示。

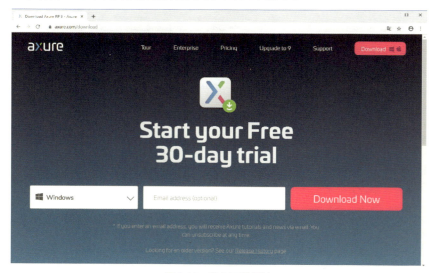

图 3-29 官方下载网站

> **提示：** 不建议用户去第三方下载软件，除了有可能会被捆绑很多垃圾软件外，还有可能感染病毒。由于 Axure RP 9 没有发布中文版本，用户可以通过下载汉化版实现对软件的汉化。

 安装 Axure RP 9

扫码看视频

步骤 01 在下载文件夹中双击 AxureRP-Setup.exe 文件，弹出 Axure RP 9 Setup 对话框，如图 3-30 所示。单击 Next 按钮，进入如图 3-31 所示的对话框，认真阅读协议后，勾选 I accept terms in the License Agreement 选项。

图 3-30　Axure RP 9 Setup 对话框

图 3-31　阅读协议并同意

步骤 02 单击 Next 按钮，进入如图 3-32 所示的对话框，设置安装地址。单击 Change 按钮可以更改软件的安装地址。单击 Next 按钮，进入如图 3-33 所示的对话框，准备开始安装软件。

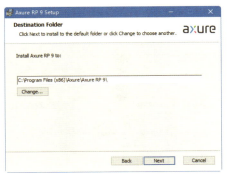

图 3-32　选择安装地址

图 3-33　准备开始安装软件

步骤 03 单击 Install 按钮，开始软件的安装，如图 3-34 所示。稍等片刻，单击 Finish 按钮，即可完成软件的安装，如图 3-35 所示。如果勾选 Launch Axure RP 9 复选框，在完成软件安装后将立即自动启动软件。

安装完成后，用户可在桌面上找到 Axure RP 9 的软件图标，如图 3-36 所示。也可以在"开始"菜单中找到软件启动选项，如图 3-37 所示。

图 3-34　开始安装软件

图 3-35　完成软件安装

图 3-36　桌面启动图标

图 3-37　"开始"菜单中的启动选项

2. 汉化与启动 Axure RP 9

用户可以通过互联网获得 Axure RP 9 的汉化包，下载的汉化包解压后通常包含了一个 lang 的文件夹和 3 个 dll 文件，如图 3-38 所示。将该文件夹及 dll 文件直接复制粘贴到 Axure RP 9 的安装目录下，重新启动软件，即可完成软件的汉化。

汉化完成后，用户可以通过双击桌面上的软件"启动"图标或单击"开始"菜单中的"启动"选项启动软件，启动后的软件界面如图 3-39 所示。

图 3-38　汉化文件

图 3-39　汉化软件界面

通常在第一次启动软件时，系统会自动弹出"管理授权"对话框，如图 3-40 所示。要求用户输入被授权人和授权密码，授权密码通常是在用户购买正版软件后获得。如果用户没有输入授权码，则软件只能使用 30 天，30 天后将无法正常使用。

图 3-40　管理授权

> **提示：** 用户如果在软件启动时没有完成授权操作，可以执行"帮助 > 管理授权"命令，再次打开"管理授权"对话框，完成软件的授权操作。

3. 新建和设置 Axure RP 文件

在开始设计制作原型项目之前，首选要创建一个 Axure RP 文件，确定原型的内容和应用领域，以保证最终完成内容的准确性。不了解清楚用途就贸然开始制作，既浪费时间，又会造成不可预估的损失。

除了通过"欢迎界面"新建文件外，用户也可以通过执行"文件 > 新建"命令完成文件的新建，如图 3-41 所示。

执行"文件 > 纸张尺寸与设置"命令，打开"纸张尺寸与设置"对话框，如图 3-42 所示。用户可以在该对话框中方便快捷地设置文件的尺寸和属性。

图 3-41　新建文件

图 3-42　"纸张尺寸与设置"对话框

4. 文件存储

执行"文件 > 保存"命令，弹出"另存为"对话框，输入"文件名"，选择"保存类型"后，单击"另存为"按钮，即可完成文件的保存操作，如图 3-43 所示。

> 提示：在制作原型过程中，一定要做到经常保存，避免由于系统错误或软件错误导致软件关闭，造成不必要的损失。

　　当前文件保存后，再次执行"文件＞另存为"命令，也会弹出"另存为"对话框，如图3-44所示。"另存为"命令通常是为了获得文件的副本，或者重新开始一个新的文件。

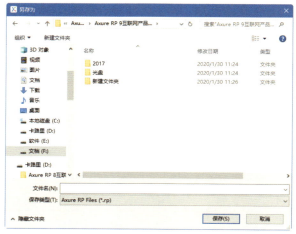

图 3-43　"另存为"对话框　　　　　　图 3-44　"另存为"命令

> 提示：用户也可以单击软件界面左上角的"保存"按钮或者按下快捷键Ctrl+S实现对文件的保存，按下快捷键Ctrl+Shift+S实现另存为操作。

　　Axure RP 9 支持 RP 格式、RPPRJ 格式、RPLIB 格式和 UBX 格式 4 种文件格式。不同的文件格式使用方式不同，下面逐一进行介绍。

- RP 文件格式

　　RP 格式文件是用户使用 Axure RP 进行原型设计时创建的单独的文件，是 Axure RP 的默认存储文件格式。以 RP 格式保存的原型文件，是作为一个单独文件存储在本地硬盘上的。这种 Axure RP 文件与其他应用文件，如 Excel、Visio 和 Word 文件完全相同，文件图标如图 3-45 所示。

- RPPRJ 文件格式

　　RPPRJ 格式文件是指团队协作的项目文件，通常用于团队中多人协作处理同一个较为复杂的项目。不过，自己制作复杂的项目时也可以选择使用团队项目，因为团队项目允许用户随时查看并恢复到项目的任意历史版本。

- RPLIB 文件格式

　　RPLIB 格式文件是指自定义元件库文件，该文件格式用于创建自定义的元件库。读者可以在互联网上下载 Axure RP 的元件库文件使用，也可以自己制作自定义元件库并将其分享给其他成员使用，文件图标如图 3-46 所示。

图 3-45　RP 文件图标　　　　　图 3-46　RPLIB 文件图标

- UBX 文件格式

该文件格式是 Axure RP 9 中新增支持的格式。UBX 格式是一款 Ubiquity 浏览器插件的存储格式。它能够帮助用户将所能构想到的互联网服务聚合至浏览器中并应用于页面信息的切割。通过内容的切割技术从反馈网页中提取部分信息，让用户直接通过拖曳的方式嵌入到可视化编辑框中，从而大大提高了用户的使用效率。

5. 启动和回复自动备份

为了保证用户不会因为计算机死机或软件崩溃等问题未存盘，而造成不必要的损失，Axure RP 9 为用户提供了"自动备份"的功能。该功能与 Word 中的自动保存功能一样，会按照用户设定的时间自动保存文档。

执行"文件 > 自动备份设置"命令，弹出"偏好设置"对话框，如图 3-47 所示。勾选"启用备份"复选框，即可启动自动备份功能，如图 3-48 所示。在备份间隔的文本框中输入希望间隔保存的时间即可。

图 3-47　执行命令

图 3-48　启动备份

如果出现意外，需要恢复自动备份时的数据，可以执行"文件 > 从备份中恢复"命令，如图 3-49 所示。在弹出的"从备份中恢复文件"对话框中设置文件恢复的时间点，如图 3-50 所示。选择自动备份日期后，单击"恢复"按钮，即可完成文件的恢复操作。

图 3-49　执行命令

图 3-50　"从备份中恢复文件"对话框

3.7.3　任务实施——制作创意家居 App 启动页面草图

步骤 01　启动 Axure RP 9，软件界面如图 3-51 所示。在"样式"面板的"页面尺寸"下拉列表中选择 iPhone 8（375×667）选项，如图 3-52 所示。

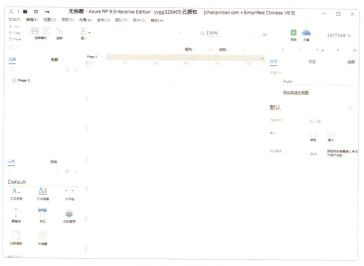

图 3-51　启动软件

图 3-52　设置页面尺寸

步骤 02　单击"页面"面板中的 page1 文件，修改文件名称为"启动页"，如图 3-53 所示。将"矩形 3"元件从"元件"面板中拖曳到页面中，如图 3-54 所示。

图 3-53　修改文件名称

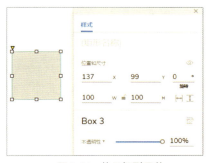

图 3-54　使用矩形元件

步骤 03　在"样式"面板的"圆角"选项下设置"半径"为 22px，如图 3-55 所示。将"二级标题"元件从"元件"面板拖入到页面中，双击修改文本内容如图 3-56 所示。

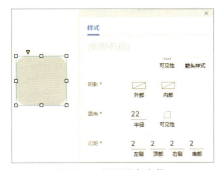

图 3-55　设置圆角半径

图 3-56　使用文本元件

步骤 04　将"文本标签"元件从"元件"面板拖曳到页面中，双击修改文本内容，如图 3-57 所示。继续使用"文本标签"元件制作底部文本，如图 3-58 所示。

图 3-57　使用"文本标签"元件　　　　　　　图 3-58　使用文本元件

步骤 05　单击"页面"面板顶部的"添加页面"按钮，新建一个名称为"开屏广告"的页面，如图 3-59 所示。将"图片"元件从"元件"面板拖曳到页面中，拖动调整大小如图 3-60 所示。

步骤 06　将"文本标签"元件从"元件"面板拖曳到页面中，双击修改文本内容如图 3-61 所示。将"圆形"元件从"元件"面板拖曳到页面中，设置尺寸为 9×9px，填充颜色为 #D2D2D2，线段颜色为 #797979，如图 3-62 所示。

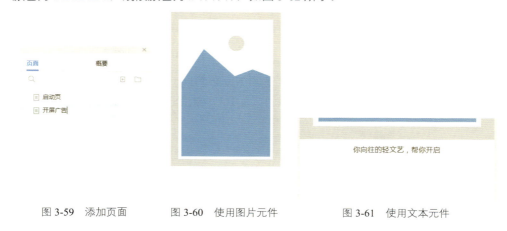

图 3-59　添加页面　　　　图 3-60　使用图片元件　　　　图 3-61　使用文本元件

步骤 07　继续使用"圆形"元件制作如图 3-63 所示的页面效果。完成"开屏广告"页面的制作，效果如图 3-64 所示。

图 3-62 使用 "圆形" 元件　　图 3-63 再次使用 "圆形" 元件　　图 3-64 完成页面制作

举一反三 新建 iOS 系统页面

在开始设计制作草图之前，正确设置页面尺寸和结构是尤其重要的，这样才能保证使用正确尺寸的草图展示页面内容。

步骤 01　启动 Axure RP 9，选择 "样式" 面板右侧 "页面尺寸" 下拉列表中的 iPhone 8（375×667）选项，如图 3-65 所示。

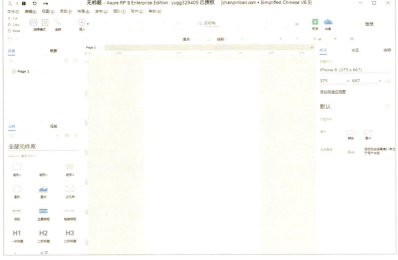

图 3-65 选择页面尺寸

步骤 02　单击 "样式" 面板的 "填充" 选项右侧的 "颜色" 图标，在弹出的 "拾色器" 面板中选择如图 3-66 所示的颜色。

087

图 3-66　设置背景颜色

步骤 03　单击"样式"面板中"填充"选项的"图片"图标，在弹出的对话框中单击"选择"按钮，如图 3-67 所示。

步骤 04　选择"素材 \ 第 3 章 \301.png"文件，选择重复模式为"适应"，页面背景填充效果如图 3-68 所示。

图 3-67　选择背景图片

图 3-68　填充背景图片效果

3.8 任务二——设计制作 App 会员系统草图

会员系统是该电子商务网站重要的组成部分。用户可以通过会员系统获得个性化的网站服务。网站则可以通过会员系统做到有目的的营销。会员系统草图的设计制作，有利于开发人员寻找网站的目标用户，并设计出符合目标用户需求的购物流程。

3.8.1 任务描述——会员系统页面的组成

该 App 会员系统包括注册页面、登录页面和我的页面。用户通常需要在注册页面中输入个人信息注册后，才能在登录页面后访问页面。通常为了增加用户的信任度，注册页面中只需用户输入用户名和密码即可完成注册。这样做可以有效避免用户因不愿输入过多个人信息而放弃注册。

本任务中将完成创意家居 App 会员系统草图的制作，完成的会员系统页面草图如图 3-69 所示。

图 3-69 会员系统页面草图

3.8.2 技术引进——Axure RP 9 的页面设置

完成页面的新建后，用户在"页面"面板中双击想要编辑的页面，即可进入页面的编辑状态。默认状态下，页面显示为背景色为白色的空白页面。用户可以在"样式"面板完成页面的设置工作。

用户可以在"样式"面板中对页面尺寸、页面排列、填充属性和低保真度等属性进行设置，如图 3-70 所示。

1. 页面尺寸

默认情况下，"页面尺寸"设置为 Auto，单击右侧的 图标，用户可以在弹出的下拉菜单中选择预设的移动设备页面尺寸，如图 3-71 所示。选择 Web 选项，用户可以在文本框中手动设

图 3-70 "样式"面板

置网页的宽度，如图 3-72 所示。选择"自定义设置"选项，用户可以在文本框中手动设置页面的宽度和高度，如图 3-73 所示。

图 3-71　设置 Auto　　　　图 3-72　设置 Web　　　　图 3-73　自定义设备

提示：单击"自定义设备"选项下宽度和高度文本框后面的 ⊡ 图标，可以实现交互宽度和高度数值的操作。

2. 页面排列

在选择 Auto 和 Web 选项时，用户可以在"样式"面板中设置"页面排列"的方式，有左侧对齐和居中对齐两种方式，如图 3-74 所示。

页面制作完成后，单击软件界面右上角的"预览"按钮，对比两种对齐方式的效果，如图 3-75 所示。

3. 页面填充

为了实现更丰富的页面效果，用户可以为页面设置"颜色"填充和"图片"填充，如图 3-76 所示。单击"颜色"图标，弹出"拾色器"面板，如图 3-77 所示。用户可以选择任意一种颜色作为页面的背景色。

图 3-74　设置页面排列

左侧对齐　　　　　　　　　　　　居中对齐

图 3-75　页面排列的对齐方式

图 3-76　设置填充

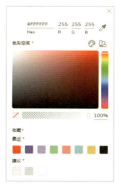

图 3-77　"拾色器"面板

> **提示：页面背景颜色目前只支持纯色填充，不支持线性渐变和径向渐变。**

单击"图片"图标，弹出如图 3-78 所示的对话框。单击"选择"按钮，选择一张图片作为页面的背景，如图 3-79 所示。单击图片缩略图右上角的 ✖ 图标，即可清除页面中的图片背景，如图 3-80 所示。

图 3-78　设置图片填充

图 3-79　图片填充效果

图 3-80　清除图片

默认情况下，图片填充的范围为 Axure RP 的整个工作区，如图 3-81 所示。填充方式为"不重复"，单击右侧的重复背景图片图标 ⟳，可以在弹出的下拉菜单中选择其他的重复方式，如图 3-82 所示。

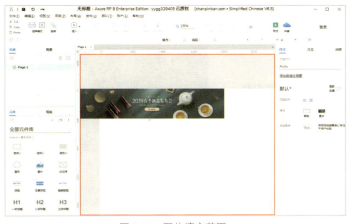

图 3-81　图片填充范围

图 3-82　重复菜单

- 不重复：图片将作为背景显示在工作区内。
- 重复图片：图片在水平和垂直两个方向上重复，覆盖整个工作区，如图 3-83 所示。
- 水平重复：图片在水平方向上重复，如图 3-84 所示。

图 3-83　重复图片　　　　　　　　　　　图 3-84　水平重复图片

- 垂直重复：图片在垂直方向上重复，如图 3-85 所示。
- 填充：图片等比例缩放填充整个页面，如图 3-86 所示。

图 3-85　垂直重复图片　　　　　　　　　图 3-86　填充图片

- 适应：图片等比例缩放填充整个工作区，如图 3-87 所示。
- 拉伸：图片自动缩放以填充整个工作区，如图 3-88 所示。

图 3-87　适应图片　　　　　　　　　　　图 3-88　拉伸图片

用户通过单击"对齐"选项的 9 个方框，可以将背景图片显示在页面的左上、顶部、右上、左侧、居中、右侧、左下、底部和右下 9 个位置，图 3-89 所示为将背景图片放置在右下位置。

图 3-89　背景图片放置在右下位置

> **提示：** 并不是所有的图片格式都能应用为页面背景。目前 Axure RP 9 中背景图片只支持 GIF、JPG、JPEG、PNG、BMP、SVG、XBM 和 ART 格式。

4. 低保真度

一个完整的项目原型，通常包含很多的图片和文本素材。为了获得好的预览效果，很多图片采用了较高分辨率的图片素材，过多的素材会影响整个项目原型的制作流畅度。Axure RP 9 为用户提供了低保真度模式，解决由于制作内容过多造成制作过程中出现的卡顿问题。

单击"低保真度"选项后面的图标，即可进入低保真度模式。页面中的图片素材将以灰度模式显示，英文文本将替换为手写字体，如图 3-90 所示。

图 3-90　低保真度模式

5. 页面样式

一个项目原型中通常包含多个页面，如果每一个页面都单独设置尺寸、排列和填充，将会浪费大量的时间。将页面的共通属性设置为样式并应用到所有页面中，可以很好地解决这个问题。

课/堂/练/习 创建并应用页面样式

扫码看视频

步骤01 用户可以在"样式"面板中创建并应用样式，如图3-91所示。单击"默认"文本后面的"管理页面样式"按钮，弹出"页面样式管理"对话框，如图3-92所示。

图3-91　创建并应用样式

图3-92　"页面样式管理"对话框

步骤02 用户可以根据项目中页面的分类创建不同的样式。单击对话框顶部的"添加"按钮，即可创建一个页面样式，如图3-93所示。用户可以在右侧选择设置页面的不同样式，如图3-94所示。

图3-93　创建页面样式

图3-94　设置页面样式

步骤03 单击"确定"按钮，即可完成页面样式的创建。在"页面"面板中新建一个页面，单击"样式"面板上"默认"选项，在弹出的下拉列表中选择刚刚创建的样式，如图3-95所示。样式应用页面效果如图3-96所示。

用户可以在"页面样式管理"对话框中对页面样式进行复制、上移、下移和删除的操作，如图3-97所示。

图 3-95　选择样式

图 3-96　应用样式页面效果

图 3-97　操作页面样式

> **提示：** 单击对话框顶部的"复制"选项将会复制选中的页面样式，修改后获得一个新的页面样式。单击"复制"按钮，将当前打开页面的样式复制到对话框的右侧。

6. 页面说明

　　用户可以在"说明"面板为页面或页面中的元件添加说明，方便其他用户理解和修改，如图 3-98 所示。

　　用户可以直接在"页面概述"下方的文本框中输入说明内容，如图 3-99 所示。单击右侧的 **Aa** 图标，弹出格式化文本参数，用户可以设置说明文字的字体、加粗、斜体、下画线、文本颜色和项目符号等参数，如图 3-100 所示。

　　如果需要有多个说明，可以单击页面名称右侧的 ⚙ 图标，弹出"说明字段设置"对话框，如图 3-101 所示。单击"添加"选项即可添加一个页面说明，如图 3-102 所示。

图 3-98　"说明"面板

图 3-99　输入说明内容

图 3-100　格式化文本参数

图 3-101　"说明字段设置"对话框

图 3-102　添加页面说明

　　单击"完成"按钮，即可在"说明"面板上添加页面说明，如图 3-103 所示。当页面同时有多个说明时，用户可以在"说明字段设置"对话框中完成对说明的上移、下移和删除操作，如图 3-104 所示。

　　单击"指定元件"选项，在弹出的下拉列表中选中要添加说明的元件，即可在下面的文本框中为元件添加说明，如图 3-105 所示。添加说明后的元件将在右上角显示序列数字，该数字与"说明"面板中显示的数字一致，如图 3-106 所示。

图 3-103　新添加页面说明

图 3-104　上移、下移和删除说明

图 3-105　添加元件说明

　　单击"包含文字和交互"按钮 ▭，弹出如图 3-107 所示的下拉列表。用户可以根据元件的使用情况，选择是否显示文字和交互内容，如图 3-108 所示。

图 3-106　显示序列

为元件添加说明后，选中该元件，将自动在"说明"面板中显示说明内容，如图 3-109 所示。

图 3-107 包含文字和交互　　图 3-108 显示文字和交互内容　　图 3-109 元件说明

3.8.3 任务实施——制作创意家居 App 会员系统草图

步骤 01 启动 Axure RP 9 软件，执行"文件 > 打开"命令，将 3-7-3.rp 文件打开。新建一个名称为"注册页"的页面，如图 3-110 所示。将"矩形 3"元件拖曳到页面中，在"样式"面板中设置尺寸如图 3-111 所示，完成状态栏的制作。

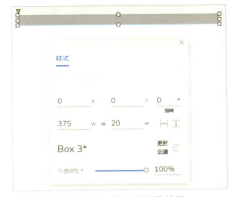

图 3-110 新建页面　　　　　图 3-111 状态栏制作效果

步骤 02 将"矩形 2"元件拖曳到页面中，在"样式"面板中设置尺寸和位置，如图 3-112 所示，完成导航栏的制作。将"矩形 2"元件拖曳到页面中，设置高度为 74px，效果如图 3-113 所示，完成标签栏的制作。

提示： 由于文件采用了 iOS 系统 1 倍的页面尺寸，因此状态栏的高度为 20px，导航栏的高度为 44px，底部标签栏的高度应为 74px。

步骤 03 将"一级标题"元件拖曳到页面中，双击修改文本内容如图 3-114 所示。将"垂直线"元件从"元件"面板拖曳到页面中，修改长度和线框如图 3-115 所示。

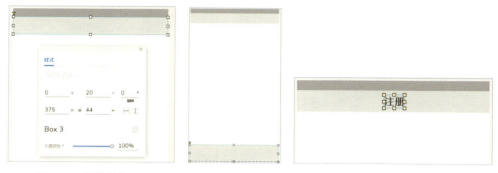

图 3-112　导航栏效果　　　图 3-113　标签栏效果　　　图 3-114　使用文本元件

步骤 04 双击垂直线进入顶点编辑模式，在线段中间位置单击添加锚点后向左侧拖曳，效果如图 3-116 所示。将"二级标题"元件拖曳到页面中，双击修改文本内容如图 3-117 所示。

图 3-115　使用"垂直线"元件　　图 3-116　编辑垂直线　　　图 3-117　使用"二级标题"元件

步骤 05 将"矩形 1"元件拖曳到页面中，双击输入文本，效果如图 3-118 所示。使用相同的方法完成如图 3-119 所示的效果。

图 3-118　使用矩形元件　　　　　图 3-119　页面效果

步骤 06 将"主要按钮"元件拖曳到页面中，调整大小并修改文本内容，页面效果如图 3-120 所示。将"文本标签"元件拖曳到页面中，双击修改文本内容，效果如图 3-121 所示。

步骤 07 在"页面"面板的"注册页"上右击，在弹出的快捷菜单中选择"重复 > 页面"选项，如图 3-122 所示。双击修改文件名称为"登录页"，如图 3-123 所示。

图 3-120 使用按钮元件

图 3-121 使用文本元件

图 3-122 重复页面

步骤 08 删除页面中内容，修改页面标题如图 3-124 所示。使用制作"注册页"的方法完成"登录页"的制作，效果如图 3-125 所示。

图 3-123 重命名页面

图 3-124 修改页面标题

图 3-125 完成"登录页"的制作

步骤 09 新建"我的"页面，继续使用相同的方法完成页面内容的制作，效果如图 3-126 所示。

图 3-126 完成"我的"页面制作

 创建 Android 系统页面样式

掌握 Axure RP 9 中的相关页面管理和操作，能够有效地提高工作效率，降低项目的制作复杂度。接下来完成 Android 系统页面样式的制作。

步骤 01 启动 Axure RP 9 软件，在"样式"面板中选择如图 3-127 所示的页面尺寸预设。

步骤 02 单击"管理页面样式"按钮，在弹出的"页面样式管理"对话框中设置各项参数如图 3-128 所示。

图 3-127 选择页面尺寸预设

图 3-128 设置页面样式

步骤 03 新建一个名为"Android 页面"样式，并修改页面样式，如图 3-129 所示。

步骤 04 单击"确定"按钮，完成样式的设置。"样式"面板如图 3-130 所示。

图 3-129 新建页面样式

图 3-130 "样式"面板

3.9 任务三——设计制作 App 设计师系统草图

设计师系统是该电子商务网站的核心功能。设计师可以登录网站，注册属于个人的空间，发布个人作品，供用户浏览购买。

3.9.1 任务描述——设计师系统页面的组成

该 App 设计师系统包括设计师首页、设计师风格页面和设计师简介页面。设计师首

页中将注册设计师按照设计风格分类展示；设计师风格页面中展示同种风格的设计师资料；设计师简介页面中包含设计师个人简介和作品展示等内容。

本任务中将完成创意家居 App 设计师系统草图的制作，完成的设计师系统页面草图如图 3-131 所示。

图 3-131　设计师系统页面草图

3.9.2　技术引进——Axure RP 9 的元件和元件库

Axure RP 9 的元件都放在"元件"面板中，默认情况下，"元件"面板位于软件界面的左侧，如图 3-132 所示。

图 3-132　"元件"面板

"元件"面板中默认显示 Default 元件库，Default 元件库将元件按照种类分为基本元件、表单元件、菜单|表格和标记元件 4 种类型。

1. 基本元件

Axure RP 9 一共提供了 20 个基本元件，如图 3-133 所示。将光标移动到元件上，元件右上角将出现一个问号图标，单击该图标将弹出该元件的操作提示，如图 3-134 所示。

图 3-133 基本元件

图 3-134 元件操作提示

2. 表单元件

Axure RP 9 为用户提供了丰富的表单元件，便于用户在原型中制作更加逼真的表单效果。"表单元件"主要包括文本框、文本域、下拉列表、列表框、复选框和单选按钮，如图 3-135 所示。

图 3-135 表单元件

3. 菜单与表格

Axure RP 9 为用户提供了实用的"菜单|表格"元件。用户可以使用该元件非常方便地制作数据表格和各种形式的菜单。"菜单|表格"元件主要包括树、表格、水平菜单和垂直菜单 4 个元件，如图 3-136 所示。

图 3-136 "菜单|表格"元件

 制作水平菜单

扫码看视频

步骤 01 在"元件"面板中选择"水平菜单"元件，将其拖曳到页面中，效果如图 3-137 所示。

图 3-137 拖入"水平菜单"元件

步骤 02 双击菜单名，修改菜单文本，效果如图 3-138 所示。在元件上右击，选择"编辑菜单填充"选项，在弹出的"菜单项填充"对话框中设置填充的大小，选择应用的范围，如图 3-139 所示。

图 3-138　修改菜单文本　　　　　　图 3-139　设置填充大小

步骤 03　单击"确定"按钮，效果如图 3-140 所示。选择"水平菜单"可以在"样式"面板中选择单元格，为其指定"填充"颜色，效果如图 3-141 所示。

图 3-140　菜单填充效果　　　　　　图 3-141　设置"填充"颜色

步骤 04　用户如果希望添加菜单选项，可以在元件上右击，在弹出的下拉菜单中选择添加菜单项命令，如图 3-142 所示。即可在当前菜单的前方或者后方添加菜单，如图 3-143 所示。选择"删除菜单项"即可删除当前菜单。

图 3-142　添加菜单　　　　　　图 3-143　菜单效果

步骤 05　在元件上右击，弹出的下拉菜单，选择"添加子菜单"选项，即可为当前单元格添加子菜单，效果如图 3-144 所示。使用相同的方法，可以继续为子菜单添加子菜单，如图 3-145 所示。

图 3-144　添加子菜单　　　　　　图 3-145　添加子菜单

> **提示**：除了通过右键快捷键菜单编辑菜单填充外，用户还可以在"样式"面板的"菜单填充"选项下设置填充值。

4. 标记元件

Axure RP 9 中的标记元件主要用来帮助用户对产品原型进行说明和标注。"标记元件"主要包括页面快照、水平箭头、垂直箭头、便签、圆形标记和水滴标记，如图 3-146 所示。

单击 Default 选项后面的 ⟳ 图标，用户可以在弹出的快捷菜单中选择其他的元件库，Axure RP 9 默认情况下还为用户提供了流程图元件库和图标元件库，如图 3-147 所示。

图 3-146　"标记"元件

图 3-147　4 个元件库

提示：每种类型前有一个箭头，箭头向右时代表当前选项下有隐藏内容，箭头向下时代表已经显示了所有选项。

5. 流程图元件

Axure RP 9 中为用户提供了专用的流程图元件，用户可以直接运用这些元件快速完成流程图的设计制作。默认情况下流程图元件被保存在"元件"面板的下拉菜单中，如图 3-148 所示。选择 Flow 选项，即可将流程图元件显示出来，如图 3-149 所示。

6. 图标元件

Axure RP 9 中为用户提供了很多美观实用的图标元件，用户可以直接运用这些元件快速完成原型的设计制作。默认情况下图标元件被保存在"元件"面板的下拉菜单中，如图 3-150 所示。选择 Icons 选项，即可将图标元件显示出来，如图 3-151 所示。

图 3-148　"元件"面板下拉菜单

图 3-149　流程图元件

图 3-150　"元件"面板下拉菜单

图 3-151　图标元件

Axure RP 9 为用户提供了 Web 应用、辅助功能、手势、运输工具、性别、文件类型、加载中、表单控件、支付、图表、货币、文本编辑、方向、视频播放、商标和医学 16 种图标元件。

选中元件将其拖曳到页面中，如图 3-152 所示。用户可以修改元件的填充和线段样式，以实现更丰富的图标效果，如图 3-153 所示。

图 3-152　使用图标元件

图 3-153　修改图标样式

在"元件"面板中选择要使用的元件，按住鼠标左键不放，将其拖曳到页面合适位置后松开，即可完成将当前元件添加到页面的操作，如图 3-154 所示。

7. 为元件命名

一个原型通常包含了很多元件。要在众多元件中查找其中的某一个是非常麻烦的。为元件指定名称，就能很好地解决这个问题。

将元件拖曳到页面中后，可以在"样式"面板中为其指定名称，如图 3-155 所示。为了更便于使用，元件名称尽量使用英文或者拼音命名，首字母最好选择大写字母。

> **提示**：元件命名除了便于管理查找以外，在制作交互效果时，也方便程序的选择和调用。

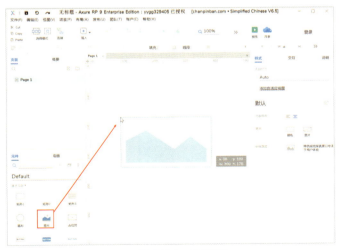

图 3-154　使用元件

图 3-155　为元件命名

8. 缩放元件

将元件拖入页面中后，通过拖动其四周控制点，可以实现对元件的缩放，如图 3-156 所示。用户也可以在顶部工具栏中精确修改元件的坐标和尺寸，其中 X 代表水平方向，Y 代表垂直方向，W 代表元件的宽度，H 代表元件的高度，如图 3-157 所示。

图 3-156　拖动缩放元件

图 3-157　工具栏中设置数值缩放元件

> **提示**：用户在移动、缩放和旋转元件时，在其右下角会显示辅助信息，帮助用户实现精确的操作。

9. 旋转元件

按下键盘上 Ctrl 键的同时拖动控制锚点，可以任意角度地旋转元件，如图 3-158 所示。用户如果要获得精确的旋转角度，可以在"检视"面板中"样式"选项下设置，如图 3-159 所示。

图 3-158　旋转元件

图 3-159　设置旋转角度

如果元件内有文本内容，文本内容将与元件同时旋转，如图 3-160 所示。在文本上右击，在弹出的快捷菜单中选择"变换形状＞重置文本到 0°"选项，即可将元件中文本恢复 0°，如图 3-161 所示。

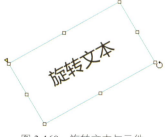

图 3-160　旋转文本与元件

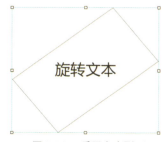

图 3-161　重置文本到 0°

如果希望矩形与文字保持一致的高度，可以单击"样式"面板上的"自适应文本高度"按钮，效果如图3-162所示。如果希望矩形与文字保持一致的宽度，可以单击"样式"面板上的"自适应文本宽度"按钮，效果如图3-163所示。

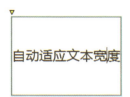

图 3-162　自适应文本高度　　　　　　图 3-163　自适应文本宽度

10. 设置颜色和不透明度

将元件拖入到页面中后，用户可以在顶部选项栏中设置其填充颜色和线段颜色，如图3-164所示。

用户还可以修改"拾色器"面板底部的"不透明度"值，实现填充或线段的不透明效果，如图3-165所示。

图 3-164　填充颜色和线段颜色　　　　图 3-165　设置元件不透明度

11. 设置线段宽度和类型

除了可以设置元件的颜色外，用户还可以在选项栏上设置拖入元件的线段宽度和类型，如图3-166所示。

3.9.3　任务实施——制作创意家居 App 设计师系统草图

步骤01　执行"文件 > 打开"命令，将 3-8-3.rp 文件打开。将"页面"面板中的"我的"页面复制一个并重命名为"设计师"，如图3-167所示。删除页面内容，效果如图3-168所示。

图 3-166　设置元件的线段宽度和类型

扫码看视频

步骤 02　将"图片"元件从"元件"面板拖入到页面中，设置尺寸如图 3-169 所示。将"文本标签"元件拖曳到页面中，双击修改文本内容如图 3-170 所示。

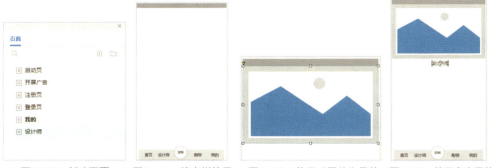

图 3-167　新建页面　　图 3-168　状态栏效果　　图 3-169　使用"图片"元件　　图 3-170　使用文本元件

步骤 03　将"矩形 3"元件从"元件"面板拖曳到页面中，设置尺寸如图 3-171 所示。双击矩形元件，输入如图 3-172 所示文本。

步骤 04　继续使用"矩形 3"元件制作如图 3-173 所示的页面效果。复制"我的"页面，修改页面名称为"简约"，在"页面"面板中将"简约"页面拖曳到"设计师"页面下作为子页面，如图 3-174 所示。

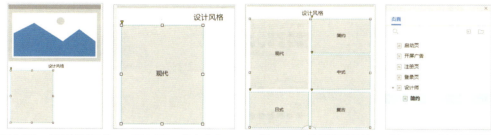

图 3-171　使用矩形元件　　图 3-172　输入文本　　图 3-173　使用矩形元件　　图 3-174　新建子页面

步骤 05　删除页面内容并修改文本，页面效果如图 3-175 所示。使用"圆形"元件、"水平线"元件和文本元件，完成设计师列表的制作，如图 3-176 所示。

图 3-175　修改页面内容　　　　　　图 3-176　制作设计师列表

步骤 06　拖动选中设计师列表所有元件，按下键盘上的 **Ctrl** 键的同时向下拖曳复制多个，复制效果如图 3-177 所示。

步骤 07　使用步骤 04 相同的方法，为"简约"页面添加一个名称为"简介"的子页面，删除页面内容并修改文本，页面效果如图 3-178 所示。使用矩形元件、圆形元件和按钮元件制作如图 3-179 所示页面顶部效果。

图 3-177　复制元件

图 3-178　新建子页面

图 3-179　制作页面顶部

步骤 08　使用文本元件完成设计师简介及作品推荐栏目，效果如图 3-180 所示。拖动选中"标签栏"元件并向下移动。

步骤 09　使用"图片"元件、文本元件和按钮元件完成作品推荐栏目的制作，效果如图 3-181 所示。继续使用与步骤 05 相同的方法完成同类设计师栏目的制作，效果如图 3-182 所示。

图 3-180　制作设计师简介

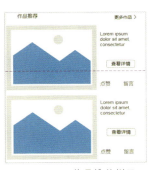
图 3-181　作品推荐栏目

图 3-182　同类设计师栏目

步骤 10　将"页面"面板中的"我的"页面复制一个并重命名为"首页"，拖动"设计师"页面成为"首页"页面的子页面，"页面"面板如图 3-183 所示。使用各种元件完成"首页"页面的制作，效果如图 3-184 所示。

图 3-183　"页面"面板

图 3-184　首页效果

　创建图标元件库

用户除了能够使用 Axure RP 9 中提供的各种元件制作草图以外，还可以通过自定义元件库，将常用的元件组合在一起，提高工作效率。

步骤 01　执行"文件 > 新建元件库"命令，单击工具栏中的"插入"按钮，在弹出的下拉列表中选择"图片"选项，将"素材 \ 第 3 章 \custom.png"图片插入页面，如图 3-185 所示。

步骤 02　在"元件"面板中修改圆角名称为"铃声"，执行"文件 > 保存"命令，将元件库保存为 self.rplib，如图 3-186 所示。

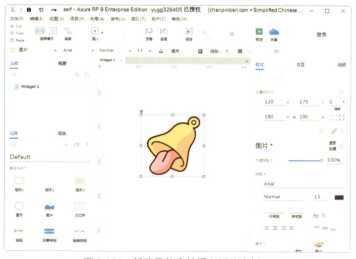

图 3-185　新建元件库并插入图片素材

图 3-186　修改元件名称

步骤 03　新建一个 Axure RP 9 文件，单击"元件"面板上的"添加元件库"按钮，选择 self.rplib 文件，"元件"面板如图 3-187 所示。

图 3-187　存储元件库

步骤 04　选中"铃声"元件，将其拖曳到页面中，应用效果如图 3-188 所示。

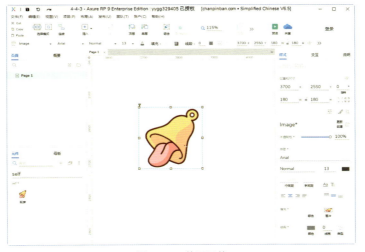

图 3-188　使用元件

3.10　本章小结

　　本章主要讲解电子商务项目草图的设计制作，通过学习草图的概念、特点、功能表现和表现形式，帮助读者快速了解草图在电子商务项目开发中的作用。通过学习电子商务页面布局和设计规则，帮助读者掌握草图制作时的标准和技巧。通过完成 3 个任务，帮助读者掌握制作草图的流程的同时，熟悉 Axure RP 9 软件的基本操作。

3.11　课后习题

　　完成本章内容学习后，接下来通过几道课后习题，测验一下读者学习电子商务项目草图制作的学习效果，同时加深对所学知识的理解。

习题答案

3.11.1 选择题

1. 下列选项中不属于草图功能表现的是（　　）。

A. 增加团队凝聚力　　　　　　　　　　B. 表达设计师的构想

C. 便于与客户沟通　　　　　　　　　　D. 便于团队之间交流

2. 以下不属于草图的类型的是（　　）。

A. 构思草图　　　　　　B. 设计草图　　　　　　C. 手绘草图　　　　　　D. 项目草图

3. 以下不属于草图的特点的是（　　）。

A. 严谨性　　　　　　　B. 自由性　　　　　　　C. 迅捷性　　　　　　　D. 概括性

4. 以下不属于 Axure RP 9 的表单元件的是（　　）。

A. 文本框　　　　　　　B. 表格　　　　　　　　C. 下拉列表　　　　　　D. 复选框

5. 一般 App 的会员系统都包含注册页和（　　）两个页面。

A. 我的　　　　　　　　B. 首页　　　　　　　　C. 登录页　　　　　　　D. 购物车

3.11.2 填空题

1. 电子商务项目草图也叫电子商务项目_____或设计速写，是设计师在产品设计中一些初期的、真实的、原始的图稿。

2. 一款 App 的首页布局大概包括状态栏、导航栏、内容区域和主菜单，其中_____是首页中最醒目的位置。

3. Axure RP 9 支持 3 种文件格式，即_____格式，RPPRJ 文件格式和 RPLIB 文件格式。

4. 电子商务网站网页一般最基本的有首页和_____两大类。

5. Axure RP 9 的常用元件有_____、表单元件、菜单元件和标记元件 4 大类。

3.12 创新实操

根据本项目所学内容，完成体育社交 App 项目——"拼动动"的页面草图制作，具体要求如下：

- 页面尺寸符合 iOS 系统要求。
- 页面结构清晰，层次分明。
- 页面内容合理，不同页面间关系清晰。
- 页面层级明确，主次分明。

第4章

电子商务项目原型设计
——使用原型展示项目的界面

原型常被称为线框图、原型图和 Demo，它是一种让用户提前体验产品、交流设计构思、展示交互系统的方式。通过原型设计可以体现出设计人员的产品设计思路，原型本身是一种有效的沟通方式。图 4-1 所示为设计师通过原型图进行交流。

原型图能够辅助产品经理或设计师表达产品方案，提高沟通的效率

图 4-1　通过原型图交流

> **提示**：原型设计的目的是在正式进行设计和开发之前，模拟产品的视觉效果和交互效果。产品原型是产品的雏形，是从无到有的过程。

4.1　了解原型设计

在正式开发电子商务项目之前，通过对项目策划书的研究获得 App 相关信息后，就可以开始设计制作产品原型。原型用于产品经理、设计人员和客户之间的沟通和讨论，这样便于随时对项目进行补充和修改，确认最终内容后再进入开发 App 环节。既可节约制作成本又能够节省大量时间，避免反复修改。

4.1.1　什么是原型设计

产品原型是用线条、图形描绘出的产品框架，是综合考虑产品目标、功能需求场景、用户体验等因素，对产品的各版块、界面和元素进行的合理性排序过程。

原型设计对互联网行业来说，就是将页面模块、各种元素进行排版和布局，获得一个页面的草图效果，如图 4-2 所示。为了使效果更加具体、形象和生动，还会加入一些交互性的元素，模拟页面的交互效果，如图 4-3 所示。

图 4-2　页面草图效果

图 4-3　页面交互效果

提示：随着互联网技术的日益普及，为了获得更好的原型效果，很多产品经理在采用"高保真"的原型，以确保策划与最终的展示效果一致。

4.1.2　原型设计的参与者

一个项目的设计开发，通常需要多个人员的共同努力。很多人认为产品原型设计是整个项目的早期过程，只需要产品经理参与即可。但实际上产品经理只是了解产品特性、了解用户和市场需求的角色。对于页面设计和用户体验设计只是停留在初级水平。而且设计师独立的创作，只会让产品经理和设计师反复纠缠，反复修改。

为了避免产品设计开发过程中反复修改的情况发生，在开始原型设计时，产品经理应邀请界面设计师（UI）和用户体验设计师（UE）一起参与产品原型的设计制作，如图 4-4 所示。这样才可以设计出既符合产品经理预期又具有良好用户体验且页面精美的产品原型。

图 4-4　原型设计的参与者

提示：互联网产品经理在互联网公司中处于核心位置，需要非常强的沟通能力、协调能力、市场洞察力和商业敏感度。不但要了解消费者、了解市场，还要能与各种风格迥异的团队配合。可以说互联网产品经理决定着一个互联网产品的成败。

4.1.3　常见原型制作工具

在电子商务项目开发过程中，原型的制作非常必要。选择一款优质的原型制作工具能够节省大量的时间和成本，常见的原型制作工具有 Axure RP 和 Adobe XD 两种。

1. Axure RP

Axure RP 是一款专业的快速原型设计工具，作为原型工具的领头羊，功能全面，无论是流程图还是动态面板都是众多产品经理和设计师青睐的。

Axure RP 允许设计师为网站或 App 原型设计添加专业、详细的界面细节，动画以及页面转化特效，直接实现交互体验，并为用户提供了丰富的界面部件库，以满足其各方面的界面设计需求。目前 Axure RP 最新版本为 Axure RP 9，图 4-5 所示为 Axure RP 9 的启动图标和工作界面。

图 4-5　Axure RP 9 启动图标和工作界面

2. Adobe XD

Adobe XD 是一款功能强大的原型创建工具，利用该工具，可以更快地将设计投入开发。让项目保持有序，消灭拖慢工作流程的重复性任务和单调任务。快速地与开发团队共享详细的设计规范，图 4-6 所示为 Adobe XD 启动图标和工作界面。

图 4-6　Adobe XD 启动图标和工作界面

4.2 原型的表现手法

对互联网行业来说，"原型"是产品开发的初期阶段。一个高保真原型设计能够辅助开发人员完美实现最终产品。

产品原型简单地说就是产品设计成形之前的一个框架。就是将页面模块、各种元素进行排版和布局，获得一个大致的页面效果，如图4-7所示。从原型设计到完成最终效果可以分为"草图""低保真""高保真"3个层次。

图4-7　原型从草图到高保真的设计过程

4.2.1 草图

草图是对产品的一个简单设想，如图4-8所示。本书第3章已经详细介绍了草图的相关知识，本章节就不再赘述。

图4-8　草图

通过这种方式可以将原型产品的构思和框架基本确定，然后再通过专业的软件将原型更形象更直观地转移到电子文档中，以便后续的研讨、设计、开发和备案。

4.2.2 低保真

低保真原型最重要的作用是检查和测试产品功能，而不是产品的视觉外观。低保真原型主要用于公司内部，便于产品经理和设计人员之间进行初步沟通，如图 4-9 所示。

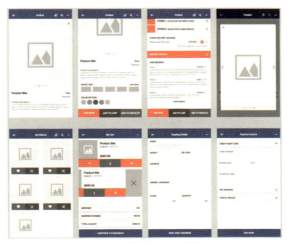

图 4-9　低保真产品原型

相对草图原型，低保真原型更加清晰和整洁，也适用于正式场合的 PPT 形式宣讲。低保真原型还可以以功能页面结构的视觉呈现，传达页面的布局以及功能元素定义，将产品需求以线框结构的方式展示出来，让产品需求更加规整地直观展现。图 4-10 所示为使用 Axure RP 制作的低保真产品原型效果。

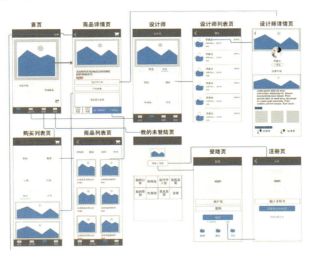

图 4-10　使用 Axure RP 制作的低保真原型

4.2.3　高保真

高保真是经过精心设计渲染，模拟交互效果，接近真实产品，给客户提供最直接的模拟体验，如图 4-11 所示。

　　高保真原型是真实的模拟产品最终的视觉效果、交互效果和用户体验感受，在视觉、交互和用户体验上非常接近真实的产品，原型中甚至包含产品的细节、真实的交互和 UI 等。图 4-12 所示为使用 Axure RP 9 完成的高保真 App 产品界面。

图 4-11　高保真产品原型　　　　　　　　图 4-12　高保真 App 产品界面

> **提示**：不同的公司，不同的团队，对于互联网产品的原型设计可能采用的方式会大相径庭，不一定非要使用某种固定的方式，最适合自己的才是最好的。

4.3　原型设计的重要性

　　产品原型是用于表达产品功能和内容的示意图。原型设计是整个产品开发中最重要的，并且确定了整个产品的方向。

> **提示**：原型设计的核心目的在于测试产品，没有哪一家互联网公司可以不经过测试，就直接上产品和服务的。

　　通常情况下，产品原型是由产品经理和交互设计师一起完成的。交互设计师无法评估和预测产品价值和产品可用性，而产品经理难以掌握产品的技术成本，而在产品价值、产品可用性和技术成本之间能够互通有无，相互平衡，那么，产品原型就是最佳工具，如图 4-13 所示。

　　原型设计是将设计师和产品经理对产品的基本概念和构想形象化地呈现出来，让参与进来的每个人都可以查看使用，给予反馈，并且在最终版本定下来之前进行必要的调整。

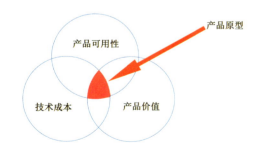

图 4-13　产品价值、产品可用性和技术成本间的平衡

　　一份完整的产品原型要能够清楚地说明：产品包括哪些功能和内容；产品分为几个

界面，功能和内容在界面中如何布局；用户与产品的交互细节是如何设计的。这些概括为产品原型制作的三个要素：元素、界面和交互，如图4-14所示。

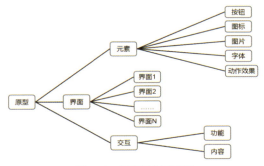

图4-14 原型制作三要素

原型设计的重要性是显而易见的，主要有完善和优化产品需求方案、便于评估产品需求和有效提升团队成员的沟通效率三个方面。

4.3.1 完善和优化产品需求方案

在产品开发初期，产品需求还停留在抽象、模糊的概念阶段，产品经理和设计师对产品的理解和沟通不能足够深入，而随着产品原型的开发设计，其效果非常接近最终的成品时，产品经理和设计师能够更清晰地了解产品需求。

在制作产品原型的过程中，一方面，产品经理可以模拟不同的用户情景，试用"产品功能"，这样能够轻松发现遗漏的功能模块、逻辑分支，以及其他一些细节；另一方面，产品经理还可以分别以交互设计师、开发工程师等视角审视产品原型，发现其中的不足并加以改进。

> 提示：通过这样不断地调整产品原型，产品经理对产品需求的思考越深入，产品需求方案也就越完善、越合理。

4.3.2 便于评估产品需求

当产品需求进入开发环节后，再要进行需求变更是要付出巨大代价的，无论人力、时间、资金都要被消耗，项目进度也无法按原计划推进。

因此，在投入大量资源进行实际设计和开发之前，要对产品功能进行评估，确保产品需求的正确性和合理性，如图4-15所示。

此时，凸显了产品原型的重要性和可操作性。一方面，产品原型的制作成本不高，又比用文字描述更直观，修改也非常容易；另一方面，产品原型将产品需求形象具体地展示出来，可视化的方式能够大幅提升产品需求评估的准确性。

> 提示：产品评估工作的开展通常是基于产品原型进行的。

注释：× 表示评估后错误或舍弃的方案

图 4-15　原型设计评估流程

4.3.3　有效提升团队成员的沟通效率

产品原型的重要性还体现在它能够有效提升团队成员的沟通效率。

在实际工作中，产品经理要向很多人描述产品需求，如高层、业务相关方、开发工程师、设计师、测试人员等。产品需求的信息量非常大，文档从几页到几十页，仅通过文档的描述难度是非常大的，并且让人人在短时间内深入理解产品也非常困难。

此时，产品原型的优势就显现出来了，它能够将产品需求以图形化的方式进行演示，使产品需求一目了然，大幅提升沟通效率。例如，有经验的开发人员对着几张原型图，不用过多的解释，就能够马上明白需要编写哪些功能模块，以及这些功能模块间是怎样的逻辑关系，如图 4-16 所示。

图 4-16　有效提升团队成员的沟通效率

4.4　原型制作与用户体验

原型制作在电子商务项目开发过程中起着至关重要的作用，一个高保真原型除了能够高度还原产品的外观之外，还能够让用户在产品未开发之前就看到其最终效果。

借助原型，让用户模拟使用产品，既能够降低项目开发的成本，又能够提前了解产品价值。用户体验原型可以直接测试产品外观和布局的合理性，界面的友好度，以及功能是否符合项目要求。原型制作过程中要考虑用户多种体验方式。

> 提示：用户体验是用户在使用产品过程中建立起来的一种纯主观感受。其是强调用户在使用产品前、使用期间和使用后的全部感受，用户的反馈直接关系到该产品的发展。

4.4.1 用户体验方式

从用户使用的角度出发，用户体验包括感官体验、交互体验和情感体验。下面逐一进行讲解。

1. 感官体验

对于用户而言，视听上的舒适性具有先入为主的意义。如网站或 App 设计风格、色彩的搭配、页面的布局、页面的大小、图片的展示、字体的大小和 Logo 的空间等，用户第一眼看到的感受，能够直接决定用户是否继续浏览该产品。

图 4-17 所示为儿童类 App 产品页面，丰富的色彩，可爱卡通的风格能够直接吸引孩子与家长。

> "KaDa 故事"App 汇集了国内外的绘本、听书、漫画资源，将其开发为有声读物以便孩子阅读，其丰富的画面、简洁的设计深受小朋友的喜爱

图 4-17　儿童类 App 产品页面

2. 交互体验

产品界面与用户的交互过程贯穿浏览、点击、输入和输出等一系列操作，它能给用户提供更直接的体验。

图 4-18 所示为社交类 App 产品页面，用户除了能够与好友随时沟通以外，还可以通过点击访问企业公众号，并能在公众号中直接完成相关操作，为用户带来良好的交互体验。

3. 情感体验

用户体验过程中强调心理认可度，提升用户忠诚度。让用户通过产品能认同、抒发自己的内在情感，那说明用户体验效果较深。情感体验的升华是口碑的传播，形成一种高度的情感认可效应。

图 4-19 所示为百度网站首页页面，极简的界面表现了其最重要的功能。用户的认同感并没有因其单一的界面而有所减少。

微信中浮窗功能的推出，可以让用户在微信中操作时支持多任务切换，而无须再跳转到其他 App，同时用户体验也非常友好

图 4-18　社交类 App 产品页面

图 4-19　百度网站首页页面

4.4.2　用户体验要素

一个成功的设计方案应在可用性、功能性、内容和品牌 4 个方面充分考虑，使用户可以便捷地访问自己所需内容的同时，又在不知不觉中接受了设计本身要传达的品牌和内容，如图 4-20 所示。

图 4-20　用户体验要素

1. 可用性

可用性包含"有用"和"好用"两层含义。无论什么产品，首先必须有用。用户认

为有用，这个产品才有了价值。产品对于用户仅仅有用还不够，它还必须足够好用。产品经理要和交互设计师一起不断地提升产品的可用性，让不同类型的用户都能够很好地使用产品。

2. 功能性

解决了有用的问题之后，就要降低用户的使用门槛和操作成本，方便用户使用。产品的功能性指的是产品的易用程度，指的是用户为了完成自己的任务，需要付出多大的努力和成本。图 4-21 所示为淘宝 App 首页面各部分功能。

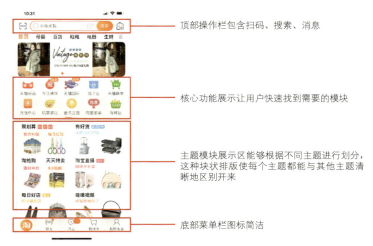

图 4-21　淘宝 App 页面功能

3. 内容

这里说的内容不仅包括产品中的文字内容，更关联到其功能逻辑、友好度和视觉信息。丰富的内容能够很好地增强用户黏度。图 4-22 所示为淘宝 App 首页页面内容。

图 4-22　淘宝 App 页面内容

4. 品牌

可用性、功能性和内容实现后，将融会贯通上升到品牌。当产品进阶后，有了自己的口碑，就会提升产品价值、用户价值和用户忠诚度。图 4-23 所示为具有品牌效益的互联网产品。

这些耳熟能详的品牌早已深入人心，它们已经是大众生活中不可缺少的工具

图 4-23　具有品牌效益的互联网产品

4.4.3　用户体验的需求层次

用户体验可以分为五个需求层次：感觉需求→交互需求→情感需求→社会需求→自我需求，这五个需求层次是逐层增高的。

1．感觉需求

所谓的感觉需求指的是用户对于产品的五官需求，包括视觉、听觉、触觉、嗅觉和味觉，是对产品或系统的第一感觉。对于网站来说，通常只有视觉、听觉和触觉三种需求。

2．交互需求

交互需求指的是人与网站系统交互过程中的需求，包括完成任务的时间和效率、是否流畅顺利、是否报错等。网站的可用性关注的是用户的交互需求，包括操作时的学习性、效率性、记忆性、容错率和满意度等。交互需求关注的是交互过程是否顺畅，用户是否可以简单快捷地完成任务。

3．情感需求

情感需求指的是用户在操作浏览的过程中产生的情感，例如在浏览的过程中感受到的互动和乐趣。情感强调页面的设计感、故事感、交互感、娱乐感和意义感，要对用户有足够的吸引力。

4．社会需求

在满足基本的感觉需求、交互需求和情感需求后，人们通常要追求更高层次的需求，往往会对某一品牌或网站情有独钟，希望得到社会对自己的认可。例如越来越多的人选择开通个人微博，拍摄短视频，希望以此获得社会的关注。

5．自我需求

自我需求是网站如何满足用户自我个性的需求，包括追求新奇、个性的张扬和自我实现等。对于网页设计来说，需要考虑允许用户个性化定制设计或者自适应设计，以满足不同用户的多样化、个性化的需求。例如网站允许用户更改网页背景颜色、背景图片和文字大小等都属于页面定制。

4.5　任务一——设计制作 App 启动页面

移动 App 启动页指的是用户正式进入移动 App 之前，短暂停留在手机界面的指引性页面，通常来说有单幅的介绍式、3 ～ 5 幅的故事描述式或者情感体验式等。启动页面是用户对移动 App 的第一印象，影响着用户对产品的整体感受。

4.5.1 任务描述——了解 App 启动页面

启动页面是 App 向用户展示的第一部分，在 App 开启前短暂停留的几秒之内，就起到了传播 App 品牌的作用。追求商业利润是每个品牌的最终目的，如果能够在追求商业利润的同时成为传播文化的新途径，将会大大提升品牌的社会价值和 App 信服力，成为一个有社会责任感和民族情怀的品牌，将会在激烈的商业竞争中处于不败之地。

本任务将使用 Axure RP 9 设计制作创意家居 App 的启动页面，该 App 启动页面包括主界面、启动页和开屏广告 3 个页面，如图 4-24 所示。

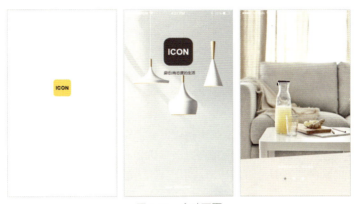

图 4-24　启动页面

4.5.2 技术引进——设置元件的样式

用户可以在"样式"面板设置元件的各种属性，其中元件的基本属性包括位置和尺寸、不透明性、排版、填充、线段、阴影、圆角、边距和排版、行间距、字间距、附加文本选项、文字阴影和对齐。

> **提示：** 正确地设置元件属性，除了可以起到美化元件的作用外，还可以大大提高工作效率。对于页面中大量相似元素的制作与修改，能起到很好的作用。

1. 位置和尺寸

通过设置元件的位置和尺寸，可以准确地控制元件在页面中的位置和大小，如图 4-25 所示。

用户可以在 X 文本框和 Y 文本框中输入数值，更改元件的坐标位置。在 W 文本框和 H 文本框中输入数值，控制元件的尺寸。单击"锁定宽高比例"按钮 🔓，当修改 W 或 H 的数值时，对应的 H 或 W 的数值将等比例改变。在"旋转"

图 4-25　位置和尺寸

文本框中输入数值，将实现元件的精确旋转操作。

单击"隐藏"按钮 ◉，将隐藏选中元件；再次单击该按钮，将显示该"隐藏"按钮。用户也可以在选项栏中找到该"隐藏"按钮，其功能与操作方式与"样式"面板中"隐藏"按钮一致，如图4-26所示。

用户可以在"样式"面板中对元件的各种属性进行设置。选中元件后，用户可以在"样式"面板中逐一设置，如图4-27所示。

图4-26　选项栏中的隐藏按钮　　　　图4-27　元件的外观样式

在元件上右击，在弹出的快捷菜单中选择"锁定 > 锁定位置和尺寸"选项，如图4-28所示，元件将被锁定，不能移动位置和调整大小。选择"锁定 > 取消锁定位置和尺寸"选项，如图4-29所示，元件将恢复为普通模式，用户可以对其进行移动和缩放操作。

图4-28　锁定位置和尺寸　　　　　　图4-29　取消锁定位置和尺寸

2. 不透明性

用户可以通过拖动"不透明性"选项后面的滑块或者在文本框中手动输入的方式修改元件不透明性的数值，获得不同透明度的元件效果，如图4-30所示为设置了不同不透明性数值的元件效果。

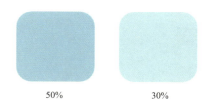

图4-30　不同不透明性元件效果

> **提示**：在此处设置不透明性，将会同时影响元件的填充和边框。如果元件内有文字，也将会受到影响。如果需要分开设置，用户可以在颜色拾取器面板中设置不透明性。

3. 填充

在Axure RP 9中，用户可以使用"颜色"和"图片"两种方式填充，如图4-31所示。

单击"颜色"色块，弹出"拾色器"面板，如图 4-32 所示。

图 4-31 填充样式

图 4-32 "拾色器"面板

Axure RP 9 一共提供了单色、线性和径向 3 种填充类型。用户可以在"拾色器"面板中选择不同的填充方式，如图 4-33 所示。

选择单色填充模式，用户可以在"拾色器"面板中设置颜色中值，如图 4-34 所示，获得想要的颜色。用户可以输入 Hex 数值和 RGB 数值两种模式的颜色值。用户也可以使用"吸管"工具吸取想要的颜色作为填充颜色。

图 4-33 3 种填充类型

图 4-34 设置颜色值

用户可以通过单击"拾色器"面板"色彩空间"或"颜色选择器"按钮，选择不同的方式填充颜色，如图 4-35 所示。

图 4-35 选择不同方式填充颜色

用户可以拖动滑块或者在文本框中输入数值设置颜色的半透明效果，如图 4-36 所示。滑块在最左侧或数值为 0% 时，填充颜色为完全透明；滑块在最右侧或数值为 100% 时，填充颜色为完全不透明。

单击"拾色器"面板"收藏"选项下的＋图标，即可将当前所选元件的颜色收藏，如图 4-37 所示。在想要删除的收藏颜色上右击，选择"删除"选项，即可删除收藏颜色，如图 4-38 所示。

图 4-36　设置填充颜色透明性　　　　　图 4-37　收藏颜色　　　　图 4-38　删除收藏颜色

为了便于用户使用，"拾色器"面板"最近"选项下保持着用户最近使用的 16 种颜色，如图 4-39 所示。当用户选择一种颜色后，"拾色器"面板"建议"选项下将会提供 8 种颜色供用户搭配使用，如图 4-40 所示。

图 4-39　最近使用颜色　　　　　　　　图 4-40　建议使用颜色

当用户选择"线性"填充时，用户可以在"拾色器"面板顶部的渐变条上设置线性填充的效果，如图 4-41 所示。

图 4-41　线性渐变条

默认情况下，线性渐变由两种颜色组成，用户可以通过分别单击渐变条两侧的锚点，设置颜色调整渐变效果，如图 4-42 所示。用户也可以在渐变条的任意位置单击添加锚点，设置颜色，实现更为丰富的线性渐变效果，如图 4-43 所示。

图 4-42　设置线性渐变　　　　　　　　图 4-43　添加线性渐变颜色

提示：在调整线性渐变锚点颜色时，选中的锚点会在元件上显示为绿色，未被选中的将显示为白色。

按下鼠标左键拖曳锚点，可以实现不同比例的线性渐变填充效果，如图 4-44 所示。

选中渐变条中的锚点，按下键盘上的 Delete 键或者按住鼠标左键向下拖曳，即可删除锚点。

图 4-44　拖动调整填充比例

单击右侧的旋转按钮 ⟳，可以顺时针 90°、180° 和 270° 旋转线性填充效果，如图 4-45 所示。

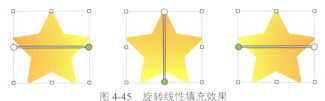

图 4-45　旋转线性填充效果

用户如果想要获得更多角度的线性渐变效果，可以直接单击并拖曳元件上两个控制点，获得任意角度的渐变效果，如图 4-46 所示。

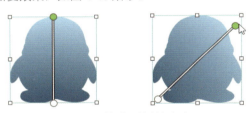

图 4-46　拖动调整渐变角度

当用户选择"径向"填充时，将实现从中心向外的填充效果，如图 4-47 所示。用户可以在"拾色器"面板顶部的渐变条上设置径向填充的效果，如图 4-48 所示。

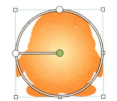

图 4-47　径向填充　　　　　图 4-48　设置填充效果

拖动如图 4-49 所示的锚点，可以放大或缩小径向渐变的范围。拖动中心的锚点，能够调整径向渐变的中心点，如图 4-50 所示。拖动如图 4-51 所示的锚点，能够实现变形径向渐变的效果。

图 4-49　调整大小

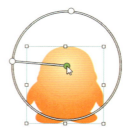

图 4-50　调整中心点

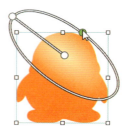

图 4-51　调整变形

提示： 由于 Axure RP 9 在不断地更新和完善。某些版本中无法实现拖动调整渐变范围的操作。读者可以尝试更换不同版本使用。

除了使用颜色填充元件以外，用户也可以使用图片填充元件。单击"图片"图标，弹出如图 4-52 所示的对话框。选择图片，设置对齐和重复，即可完成图片的填充，如图 4-53 所示。

图 4-52　"图片填充"对话框

图 4-53　图片填充效果

提示： 颜色填充和图片填充可以同时应用到一个元件上。图片填充效果会覆盖颜色填充效果。当图片采用透底图片素材时，颜色填充才能显示出来。

4. 线段

用户可以在"样式"面板"线段"选项下设置线段的颜色、线宽、类型、可见性和箭头属性，如图 4-54 所示。

图 4-54　线段属性

选中元件，单击"颜色"色块，用户可以在弹出的"拾色器"对话框中为线段指定单色和渐变颜色，如图 4-55 所示。线宽设置为 0px 时，线段设置的颜色将不能显示。

图 4-55 线段渐变填充

Axure RP 9 一共提供了包括 None 在内的 9 种线段类型供用户选择，如图 4-56 所示。选择元件，单击"类型"图标，在弹出的下拉列表中任意选择一种类型，效果如图 4-57 所示。

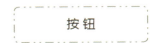

图 4-56 线段类型　　　　　　　　　图 4-57 应用一种线段类型

元件通常都有四边框，用户可以通过设置"可见性"，有选择地显示元件的线框，实现更丰富的元件效果。

 **制作下画线效果**

步骤 01 将"文本标签"元件拖曳到页面中，修改文本内容并排列整齐，如图 4-58 所示。选中顶部文本标签，设置线宽为 2px，颜色为红色，修改可见性如图 4-59 所示。

扫码看视频

新闻
矩形元件怎么进行渐变色填充
可以在画布右边的样式选项卡
渐变线条与渐变填充的制作方法
画布上面的样式工具

图 4-58 拖入文本标签

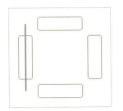

图 4-59 设置可见性

步骤 02 在文本前添加空格，效果如图 4-60 所示。选中第 2 个文本标签，设置线宽为 1px，颜色为黑色，修改可见性如图 4-61 所示。

图 4-60　设置效果

图 4-61　设置可见性

步骤 03　使用相同的方法完成其他几个文本标签下画线的制作，如图 4-62 所示。拖动调整每一个文本标签的长度，完成效果如图 4-63 所示。

图 4-62　完成其他下画线

图 4-63　调整文本标签长度

5. 阴影

用户可以在"阴影"选项下为元件添加"外部"和"内部"的阴影样式，如图 4-64 所示。单击色块，弹出如图 4-65 所示的对话框。勾选"阴影"复选框，即可为元件添加阴影样式。在该对话框中，用户可以设置阴影的颜色、位置、模糊和扩展。

图 4-64　元件阴影样式

图 4-65　设置阴影样式

6. 圆角

当选择矩形元件、图片元件和按钮元件等元件时，可以在"圆角"选项下"半径"文本框中输入半径值，实现圆角矩形的创建，效果如图 4-66 所示。

图 4-66　创建圆角矩形

单击"可见性"按钮，弹出如图 4-67 所示的面板。4 个矩形分布代表矩形元件的 4 个边角的圆角效果是否可见。用户可以通过单击矩形显示或隐藏圆角边角效果，如图 4-68 所示。

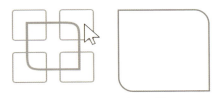

图 4-67 可见性　　　　　　　　　　图 4-68 设置圆角可见性

7. 边距

当用户在元件中输入文本时，为了获得好的视觉效果，默认添加了 **2px** 的边距，如图 4-69 所示。通过修改"样式"面板中"边距"的数值，实现对文本边距的控制，如图 4-70 所示。

图 4-69 默认边距　　　　　　　　　　图 4-70 设置边距数值

用户可以分别设置左侧、顶部、右侧和底部的边距，实现丰富的元件效果。

8. 排版

除了双击元件为其添加文本的方法以外，在元件上右击，在弹出的快捷菜单中选择"填充乱数假文"选项，如图 4-71 所示。也能完成文本的添加，如图 4-72 所示。双击文本或选择快捷菜单中的"编辑文本"选项，可以进入文本的编辑模式。

图 4-71 执行命令　　　　　　　　　　图 4-72 填充文本

Axure RP 9 为文本提供了丰富的文本属性。在"样式"面板"排版"选项下，用户可以完成对文本的字体、字型、字号、颜色、行间距和字间距等参数的设置，如图 4-73 所示。

单击"字体"文本框，用户可以在弹出的"WEB 安全字体"下拉列表中选择字体，如图 4-74 所示。单击"字型"文本框，用户可以在弹出的下拉列表中选择适合的字型，如图 4-75 所示。

图 4-73　排版属性　　　　图 4-74　"字体"下拉列表　　图 4-75　"字型"下拉列表

用户可以在字号文本框中输入数值控制文本的大小。单击色块，可以在弹出的"拾色器"对话框中设置文本的颜色。

9. 行间距

当使用文本段落元件时，可以通过设置行间距控制段落显示的效果，行间距分别为 10px 和 20px 的效果如图 4-76 所示。

Lorem ipsum dolor sit amet, consectetur adipiscing elit. Aenean euismod bibendum laoreet. Proin gravida dolor sit amet lacus accumsan et viverra justo commodo. Proin sodales pulvinar tempor. Cum sociis natoque penatibus et magnis dis parturient montes, nascetur ridiculus mus. Nam fermentum, nulla luctus pharetra vulputate, felis tellus mollis orci, sed rhoncus sapien nunc eget.

Lorem ipsum dolor sit amet, consectetur adipiscing elit. Aenean euismod bibendum laoreet. Proin gravida dolor sit amet lacus accumsan et viverra justo commodo. Proin sodales pulvinar tempor. Cum sociis natoque penatibus et magnis dis parturient montes, nascetur ridiculus mus. Nam fermentum, nulla luctus pharetra vulputate, felis tellus mollis orci, sed rhoncus sapien nunc eget.

图 4-76　设置不同行间距的效果

10. 字间距

当使用标题元件、文本标签元件和文本段落元件时，可以通过设置字间距控制文本的美观和对齐属性，字间距分别为 10px 和 20px 的效果如图 4-77 所示。

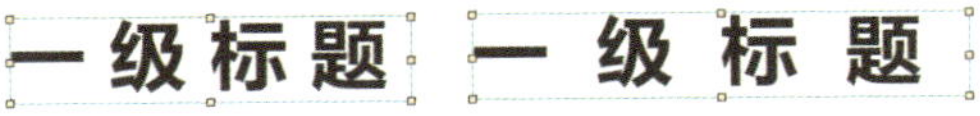

图 4-77　设置不同字间距的效果

11. 附加文本选项

单击"附加文本选项"按钮，弹出如图 4-78 所示的对话框。用户可以在该对话框中完成项目符号、粗体、斜体、下画线、删除线、基线和字母的设置。

单击"项目符号"按钮，会为段落文本添加项目符号标志，图 4-79 所示为添加项目符号的文本效果。

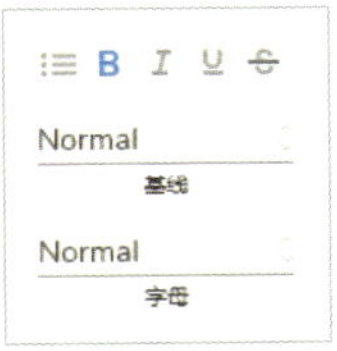

图 4-78　附加文本选项

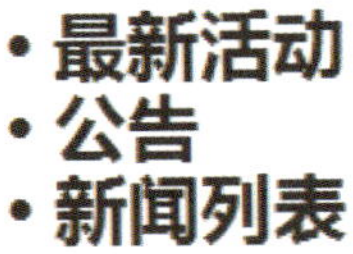

图 4-79　项目符号文本

单击"粗体"按钮，文本将加粗显示；单击"斜体"按钮，文本将斜体显示；单击"下画线"按钮，文本将添加下画线效果；单击"删除线"按钮，文本将添加删除线效果，如图 4-80 所示。

粗体　*斜体*　<u>下画线</u>　~~删除线~~

图 4-80　其他附加文本选项

用户可以在"基线"文本框中选择常规、上标和下标选项，完成如图 4-81 所示效果。用户可以在"字母"文本框中选择选项，将元件中英文字母显示为大写或小写，如图 4-82 所示。

32^2　H_2O

图 4-81　文本基线

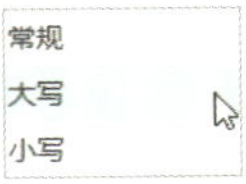

图 4-82　字母大小写

12. 文字阴影

单击"文字阴影"按钮，在弹出的对话框中勾选"阴影"复选框，用户为文本添加外部阴影，如图 4-83 所示。

图 4-83　文字阴影效果

13. 对齐

当使用标题元件、文本标签元件和文本段落元件时，可以单击"排版"选项下的"对齐"按钮，将文本的水平对齐方式设置为左侧对齐、居中对齐、右侧对齐和两端对齐，如图 4-84 所示。文本的垂直对齐方式可以设置为顶部对齐、中部对齐和底部对齐，如图 4-85 所示。

图 4-84　水平对齐

图 4-85　垂直对齐

4.5.3　任务实施——设计制作创意家居启动页面

扫码看视频

步骤 01　新建一个 Axure RP 9 文件。在"样式"面板中设置各项参数如图 4-86 所示。将"矩形 2"元件拖曳到页面中，设置其样式如图 4-87 所示。

图 4-86　设置页面样式

图 4-87　使用矩形元件

> **提示：** 使用 Axure RP 9 预设的 iPhone 8 尺寸为 1 倍尺寸。一般应用到屏幕分辨率较低的设备。用户如若想获得较高的分辨率设备，可以使用 3 倍尺寸。

步骤 02　将"二级标题"元件拖曳到页面中，修改文本内容并设置其文本样式如图 4-88 所示。拖曳选中文本元件和矩形元件，单击工具栏上中"组合"按钮完成编组操作，在"页面"面板中修改页面名称为"主界面"，如图 4-89 所示。

图 4-88　使用文本元件

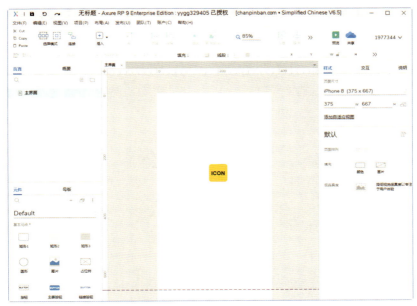

图 4-89　组合并修改页面名称

步骤 03　单击"样式"面板中的"管理元件样式"按钮，在弹出的"元件样式管理"对话框中新建一个名称为"文本 10"的样式，如图 4-90 所示。在对话框右侧设置元件样式如图 4-91 所示。

图 4-90　新建元件样式　　　　　　　　图 4-91　设置元件样式

提示：App 界面中的文字大小尽量采用 2 的倍数字号。iOS 系统中的文字都应采用苹方字体，以保证最终预览效果的正确性。

步骤 04　单击"复制"按钮，分别创建字号为 12、14、16 的样式，如图 4-92 所示。

图 4-92　新建元件样式

步骤 05　新建一个名称为"启动页"的页面，将"图片"元件拖曳到页面中并插入图片素材，效果如图 4-93 所示。

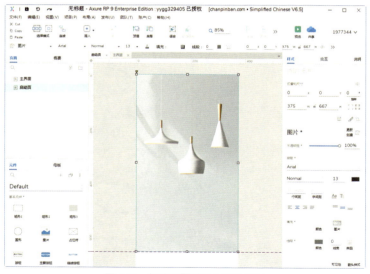

图 4-93　新建页面并导入图片素材

步骤 06　在"元件"面板中选择 iOS 11 元件库，将白色系统状态栏元件拖曳到页面中，调整大小位置如图 4-94 所示。在元件上右击，在弹出的快捷菜单中选择"转换为母版"选项，如图 4-95 所示。

图 4-94 使用元件库

图 4-95 转换为母版

步骤07 在弹出的"创建母版"对话框中设置母版名称为"状态栏",如图 4-96 所示。单击"继续"按钮,完成母版的创建。使用矩形元件和文本元件制作如图 4-97 所示的效果。

图 4-96 创建母版

图 4-97 制作图标

步骤08 将"文本标签"元件拖曳到页面中并修改文本内容,在"样式"面板中选择"文本 12"样式,效果如图 4-98 所示。

步骤09 将"文本标签"元件拖曳到页面中,修改文本内容并选择"文本 12"样式,在"样式"面板中修改文本颜色为白色,对齐方式为居中,效果如图 4-99 所示。

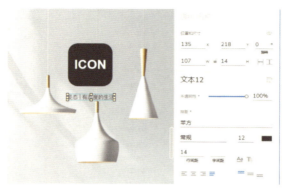

图 4-98　使用文本元件并应用样式	图 4-99　使用文本元件并应用样式

步骤 10　新建一个名称为"开屏广告"的页面，将"动态面板"元件拖曳到页面中并命名为 pop，"样式"面板如图 4-100 所示。双击进入动态面板编辑模式，新建两个面板状态，在每个状态中插入图片素材和文本，效果如图 4-101 所示。

图 4-100　使用动态面板元件	图 4-101　新建面板状态并插入图片素材

步骤 11　返回页面编辑模式，将"标签栏"元件从"母版"面板拖曳到页面中，效果如图 4-102 所示。

图 4-102　使用母版

 设计制作手机产业流程图

使用 Axure RP 的元件和连接工具可以轻松完成流程图的设计制作。通过设置元件的样式可以使流程图效果更加美观。

步骤 01 将"矩形"元件拖曳到页面中，双击元件输入文本，设置样式如图 4-103 所示。

步骤 02 按住键盘上的 Ctrl 键拖曳复制多个矩形元件并修改文本内容，效果如图 4-104 所示。

图 4-103　使用"矩形"元件　　　　　　图 4-104　复制元件

步骤 03 使用工具栏中的"连接"工具创建连线并添加文字，效果如图 4-105 所示。

步骤 04 使用相同方法创建连线并设置箭头和线段类型样式，完成流程图效果如图 4-106 所示。

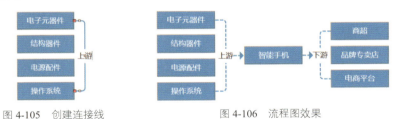

图 4-105　创建连接线　　　　　　图 4-106　流程图效果

4.6　任务二——设计制作 App 会员页面

对于电子商务行业来说，精准地识别客户并有目的推荐商品是非常重要的。通常情况下电子商务平台都是通过会员系统获得客户信息的。

4.6.1　任务描述——了解会员系统的作用

会员系统对于会员的管理起着重要作用。原因在于它能简化、代替手工操作的烦琐工序，同时可以自动检索、激活，从横向与纵向多角度对客户进行精准分析，并描绘出客户的消费历史图等，这些功能对平台的精细化运营起着决定性的作用。

本任务中将完成创意家居 App 会员系统原型的设计制作。通过制作会员系统原型，可以帮助开发人员快速了解 App 项目的服务内容和盈利方法。该 App 会员系统包括注册页和登录页，登录后将立即进入首页页面。本任务将完成注册页、登录页和首页页面的制作，完成效果如图 4-107 所示。

图 4-107　会员系统页面

4.6.2　技术引进——使用表单元件

Axure RP 9 为用户提供了丰富的表单元件，便于用户在原型中制作更加逼真的表单效果。"表单元件"主要包括文本框、文本域、下拉列表框、列表框、复选框和单选按钮，接下来逐一进行介绍。

1.文本框

文本框元件主要用来接收用户输入，但是仅能接收单行的文本输入。选择"文本框"元件将其拖入页面中，效果如图 4-108 所示。文本框中输入文本的样式，可以在"样式"面板的"排版"选项中设置，如图 4-109 所示。

图 4-108　"文本框"元件　　　　图 4-109　设置文本框文本样式

在"文本框"元件上右击，在弹出的快捷菜单中选择"输入类型"选项下的命令，可以选择文本框的不同类型，如图 4-110 所示。选择"编辑最大长度"选项，用户可以在弹出的"文本字段最大长度"对话框中设置文本框的最大长度，如图 4-111所示。

图 4-110　选择输入类型

图 4-111　设置文本字段最大长度

　**创建文本框**

扫码看视频

步骤 01　将"文本框"元件拖入页面中,在"样式"面板中为其指定名称为"用户名",如图 4-112 所示。在"样式"面板中设置其"线段"属性,如图 4-113 所示。

图 4-112　为元件指定名称

图 4-113　设置文本框样式

步骤 02　按住键盘上的 **Ctrl** 键向下拖曳文本框,复制一个文本框,修改其名称为"密码",如图 4-114 所示。将"主要按钮"元件拖入页面中,调整其大小和文本内容,指定名称为"提交",效果如图 4-115 所示。

图 4-114　复制文本框

图 4-115　拖入按钮元件

143

步骤 03　在"用户名"文本框上右击，在弹出的快捷菜单中选择"输入类型 >
文本"选项，如图 4-116 所示。使用相同的方法，将"密码"文本框输入类型设置
为"密码"。

步骤 04　在"用户名"文本框上右击，在弹出的快捷菜单中选择"编辑最大长度"
选项，如图 4-117 所示。在弹出的"文本字段最大长度"对话框中设置"最大长度"为
8px，单击"确定"按钮，如图 4-118 所示。使用相同的方法，设置"密码"文本框最大长度。

图 4-116　设置输入类型　　　　图 4-117　编辑最大长度　　　　图 4-118　设置最大长度

步骤 05　在"用户名"文本框上右击，在弹出的快捷菜单中选择"指定提交按钮"
选项，在弹出的"指定提交按钮"对话框中选择"提交"按钮元件，如图 4-119 所示。
使用相同的方法，设置"密码"文本框最大长度。

步骤 06　在"用户名"文本框上右击，在弹出的快捷菜单中选择"工具提示"选项，
在弹出的"工具提示"对话框中输入提示内容，如图 4-120 所示。使用相同的方法，设
置"密码"文本框的工具提示。

图 4-119　指定提交按钮　　　　　　　图 4-120　添加工具提示

步骤 07　单击"确定"按钮，完成工具提示的添加。单击软件界面右上角的"预览"按钮，预览"页面"效果如图 4-121 所示。

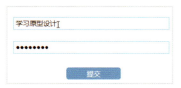

图 4-121　预览效果

在文本框上右击，选择"只读"和"禁用"选项，可以实现设置文本为只读和禁用文本框的效果，如图 4-122 所示。

除了通过快捷菜单设置文本框外，用户还可以在"交互"面板中完成对文本框样式的设置。单击"交互"样式中的"提示"选项，如图 4-123 所示。单击"提示属性"选项，弹出如图 4-124 所示的对话框。

图 4-122　设置只读和禁用　　　图 4-123　"提示"选项　　　图 4-124　提示属性对话框

用户可以在该对话框中快速设置文本框的"类型""提示文本""工具提示""提交按钮""最大长度""禁用"和"只读"样式。

设置的"提示文本"将默认显示在文本框中，如图 4-125 所示。用户可以在"隐藏显示"选项下选择在哪种情况下显示提示文本。选择"输入"选项时，用户在文本框中输入文本时，隐藏提示文本。选择"获取焦点"选项时，用户只要激活文本框，就隐藏提示文本。图 4-126 所示为设置"隐藏"选项时的效果。

图 4-125　提示文本

图 4-126　设置隐藏显示为输入

2. 文本域

文本域能够接收用户多行文本的输入。选择"文本域"元件，将其拖曳到页面中，效果如图 4-127 所示。文本域的设置与文本框基本相同，此处不再赘述。

图 4-127　"文本域"元件

3. 下拉列表框

下拉列表框主要用来显示一些列表选项，以便用户选择。只能选择，不能输入。选择"下拉列表框"元件，将其拖曳到页面中，效果如图 4-128 所示。

图 4-128　"下列列表框"元件

双击"下拉列表框"元件，在弹出的"编辑下拉列表"对话框中单击"添加"按钮，逐一添加列表，效果如图 4-129 所示。单击"编辑多项"按钮，用户可以在"编辑多项"对话框中一次输入多项文本内容，完成列表的添加，如图 4-130 所示。

图 4-129　编辑下拉列表

图 4-130　编辑多项

勾选某个列表选项前面的复选框，代表将其设置为默认显示的选项，没有勾选则默认为第一个。用户可以通过单击"编辑下拉列表"面板中的"上移"和"下移"选项调整列表的顺序。选中项目，单击"删除"按钮，即可删除该项目。单击"确定"按钮，下拉列表中即可显示添加的选项，如图 4-131 所示。

4. 列表框

"列表框"元件一般在页面中显示多个供用户选择的选项,并且允许用户多选。选择"列表框"元件,将其拖入到页面中,效果如图 4-132 所示。

图 4-131 下拉列表效果

图 4-132 "列表框"元件

双击"列表框"元件,用户可以在弹出的"编辑列表框"对话框中为其添加列表选项。添加的方法和"下拉列表框"元件相同,如图 4-133 所示。勾选"允许选中多个选项"复选框,则会允许用户同时选择多个选项,图 4-134 所示为列表框预览效果。

图 4-133 编辑列表框

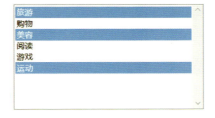

图 4-134 预览列表框

5. 复选框

"复选框"元件允许用户从多个选项中选择多个选项,选中状态以一个对号显示,再次单击取消选择,选择"复选框"元件,将其拖曳到页面中,效果如图 4-135 所示。

用户可以右击复选框右击,选择"选中"选项或者勾选"交互"面板中的"选中"复选框,如图 4-136 所示。Axure RP 9 允许用户直接在复选框元件的正方形上单击将其设置为默认选中状态,如图 4-137 所示。

图 4-135 "复选框"元件   图 4-136 设置选中状态   图 4-137 单击设置选中状态

用户可以在"样式"面板的"按钮"选项下设置复选框的尺寸和对齐方式，如图 4-138 所示。左对齐和右对齐效果如图 4-139 所示。

6. 单选按钮

"单选按钮"元件允许用户在多个选项中选择一个选项。选择"单选按钮"元件，将其拖曳到页面中，效果如图 4-140 所示。

图 4-138　按钮选项　　　图 4-139　两种对齐效果　　　图 4-140　"单选按钮"元件

为了实现单选按钮效果，必须将多个单选按钮同时选中，右击，在弹出的快捷菜单中选择"指定单选按钮的组"选项，如图 4-141 所示。在弹出的"选项组"对话框中输入组名称，单击"确定"按钮，即可完成单选按钮组的创建，如图 4-142 所示。

图 4-141　执行命令　　　　　　　图 4-142　设置选项组名称

> **提示**：单选按钮与复选框相同，允许用户直接在单选元件的圆形上单击将其设置为默认选中状态。

扫码看视频

4.6.3　任务实施——设计制作创意家居会员页面

步骤 01　打开 4-5-3.rp 文件，在"页面"面板中新建一个名称为"登录页"的页面，将"图片"元件拖曳到页面口并插入图片素材，效果如图 4-143 所示。

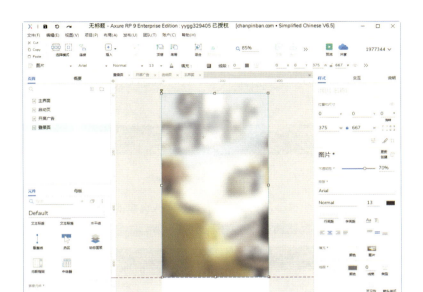

图 4-143 新建页面并插入图片素材

步骤 02 使用"文本框"元件创建如图 4-144 所示的效果。在"样式"面板中使用"文本 14"样式并设置线段可见性，效果如图 4-145 所示。在密码文本框上右击，在弹出的快捷菜单中选择"输入类型 > 密码"选项。

图 4-144 使用"文本框"元件

图 4-145 设置文本框样式

步骤 03 继续使用"状态栏"母版文件、文本元件、图标元件和"图片"元件制作页面中其他内容，完成效果如图 4-146 所示。新建一个名称为"注册页"的页面，使用制作"登录页"的方法完成如图 4-147 所示页面的制作。

图 4-146 完成登录页制作

图 4-147 完成注册页制作

步骤 04 在"母版"面板中新建一个名称为"标签栏"的文件,将"动态面板"元件拖曳到页面中,双击进入面板编辑状态,使用"图片"元件和文本元件制作标签栏,效果如图 4-148 所示。

图 4-148 制作母版文件

步骤 05 继续新建 3 个状态,使用相同的方法完成页面的制作,效果如图 4-149 所示。

图 4-149 制作动态面板状态

步骤 06 新建一个名称为"首页"的页面,使用母版文件、文本元件、矩形元件和水平线元件制作如图 4-150 所示的页面效果。将"动态面板"元件拖曳到页面中,设置其名称为 menu,双击进入面板编辑模式,使用图片元件、文本元件和矩形元件完成如图 4-151 所示的页面效果。

图 4-150 制作页面

图 4-151 制作动态面板页面

步骤 07 新建两个面板状态并分别修改页面效果,如图 4-152 所示。

图 4-152　制作动态面板状态页面

 **新建 iOS 系统布局母版**

扫码看视频

在设计制作 **App** 原型时。状态栏、导航栏和标签栏基本会出现在每一个页面中，为了提高工作效率，便于管理与修改，通常会将状态栏、导航栏和标签栏制作为母版，供用户多次使用。

步骤 01　新建一个 **Axure RP 9** 文件并新建一个名称为"状态栏"的母版文件，如图 4-153 所示。

步骤 02　双击进入母版编辑页面，打开 **iOS 11** 元件库的 .rplib 文件，将"黑"元件拖曳到页面中，如图 4-154 所示。

图 4-153　新建母版文件

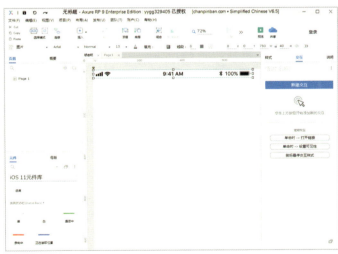

图 4-154　编辑母版

步骤 03　再次新建一个名为"导航栏"的母版文件，双击进入编辑页面，将"标题栏"选项下的"标准 - 页面标题"元件拖入到页面中，如图 4-155 所示。

图 4-155 制作导航栏母版

步骤 04 继续使用相同的方法，完成"标签栏"母版的制作，如图 4-156 所示。

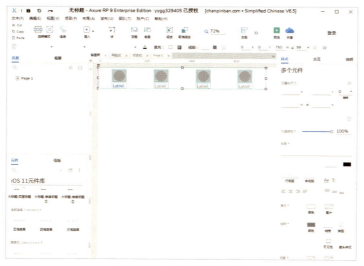

图 4-156 制作标签栏母版

4.7 任务三——设计制作 App 购物页面

4.6 节已经设计完成了创意家居 App 会员系统原型，本节进行购物系统原型的设计制作，购物系统是用户体验界面友好度和舒适性的重要区域之一，也是用户与项目之间沟通的桥梁。

4.7.1　任务描述——了解购物系统的结构

本任务将帮助用户掌握母版的使用方法和技巧，借助母版快速设计完成原型的制作内容，再一次体会 Axure RP 9 的精巧功能，如图 4-157 所示。

图 4-157　我的页、定制页和购物页

4.7.2　技术引进——创建和管理样式

一个原型作品通常由很多页面组成，每个页面又由很多元件组成。逐个设置元件样式既费事又不便于修改。Axure RP 9 为用户提供了方便的页面样式和元件样式，既方便用户快速添加样式又便于修改。

1. 创建页面样式

在页面的空白处单击，"样式"面板中显示当前页面的样式为"默认"，如图 4-158 所示。单击"管理页面样式"按钮 ，在弹出的"页面样式管理"对话框中可以看到默认样式的各项参数如图 4-159 所示。

图 4-158　默认页面样式　　　　　图 4-159　"页面样式管理"对话框

用户可以在该对话框中对页面的页面排列、颜色、图片、图片对齐、重复和低保真度样式进行设置。

2. 创建元件样式

将"圆形"元件拖曳到页面中，"样式"面板中显示其样式为 Ellipse，如图 4-160所示。单击"管理元件样式"按钮 📝，弹出"元件样式管理"对话框，对话框左侧为 Axure RP 9 默认提供的 11 种元件样式，右侧是元件样式对应的样式属性，如图 4-161所示。

图 4-160　元件样式　　　　　　　图 4-161　"元件样式管理"对话框

> **提示**：选中元件，除了可以在"样式"面板中应用和管理元件样式以外，用户还可以在选项栏的最左侧位置应用和管理样式。

用户勾选"填充颜色"属性前面的复选框，修改填充颜色为橙色，如图 4-162 所示。单击"确定"按钮，默认的"图形"元件将变成橙色，如图 4-163 所示。

图 4-162　修改元件样式

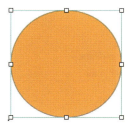

图 4-163　样式修改效果

 **创建并应用文本样式**

扫码看视频

　　步骤 01　单击工具栏左侧"管理元件样式"按钮，弹出"元件样式管理"对话框，如图 4-164 所示。单击"添加"按钮新建一个新的样式，如图 4-165 所示。

图 4-164　"元件样式管理"对话框

图 4-165　添加一个新的样式

　　步骤 02　修改样式名称为"标题文字 16"，分别在右侧修改字体和字号，如图 4-166 所示。单击"复制"按钮，将"标题文字 16"样式复制一个并修改名称为"标题文字 14"，如图 4-167 所示。

　　步骤 03　在对话框右侧修改字号、类型、对齐和垂直对齐属性，如图 4-168 所示。单击"添加"按钮，新建一个名称为"正文 12"的样式并设置其样式属性，如图 4-169 所示。

图 4-166　修改样式属性　　　　　　　　图 4-167　复制样式

图 4-168　修改样式属性　　　　　　　　图 4-169　新建样式

步骤 04　单击"确定"按钮，完成样式的设置。使用"文本标签"元件制作如图 4-170 所示的页面效果。分别对 3 个元件应用 3 个新建样式，应用效果如图 4-171 所示。

图 4-170　使用元件制作页面　　　　　　图 4-171　应用样式效果

标题元件和文本元件应用新样式后，"样式"面板中样式名称后会出现一个 * 图标，如图 4-172 所示。单击"创建"选项即可将当前文本样式复制为一个新的样式；单击"更新"选项即可将原文本元件样式替换为新样式，如图 4-173 所示。

图 4-172　"样式"面板　　　　　　　　　图 4-173　更新样式

> **提示**：用户可以通过执行"项目 > 元件样式管理器"命令或"项目 > 页面样式管理器"命令打开元件样式管理器或页面样式管理器。

3. 编辑样式

样式创建完成后，如果需要修改样式，可以再次单击"管理元件样式"按钮，在"元件样式管理"对话框中编辑样式，如图 4-174 所示。

图 4-174　"元件样式管理"对话框

- 添加 + 添加 ：单击该选项，将新建一个新的样式。

- 复制 □复制：单击该选项，将复制选中的样式。
- 删除 ×删除：单击该选项，将删除选中的样式。
- 上移 ↑上移 / 下移 ↓下移：单击该选项，所选样式将向上或向下移动一级。
- 复制 [　复制　]：单击该按钮，将复制当前样式的属性到内存中，选择另一个样式再次单击该按钮，将会使用复制的属性替换该样式的属性。

> 提示：一个样式可能会被同时应用到多个元件上，当修改了该样式的属性后，应用了该样式的元件将同时发生变化。

4.7.3　任务实施——设计制作创建家居设计师页面

步骤 01　打开 4-6-3.rp 文件，在"页面"面板中为"首页"页面添加名称为"设计师"的子页面，如图 4-175 所示。将"图片"元件拖曳到页面中并导入图片素材，效果如图 4-176 所示。

图 4-175　新建页面

图 4-176　导入图片

步骤 02　将"文本标签"元件拖曳到页面中并输入文本内容并应用样式，如图 4-177 所示。将"水平线"元件拖曳到页面中，效果如图 4-178 所示。

图 4-177　使用"文本标签"元件

图 4-178　使用"水平线"元件

步骤 03　将"矩形 2"元件拖曳到页面中，双击输入文本内容，如图 4-179 所示。单击"样式"面板的"填充"选项下的"图片"色块，选择图片填充矩形，如图 4-180 所示。

图 4-179　使用矩形元件　　　　　　　图 4-180　图片填充矩形

步骤 04　矩形填充效果如图 4-181 所示。使用相同的方法完成其他页面效果的制作，如图 4-182 所示。

图 4-181　矩形填充效果　　　　　　　图 4-182　完成页面的制作

步骤 05　将"标签栏"文件和"状态栏"文件从"母版"面板拖曳到页面中，效果如图 4-183 所示。继续为"设计师"页面添加名称为"简约"的子页面，使用母版文件创建页面结构，效果如图 4-184 所示。

图 4-183　使用母版　　　　　　　　　图 4-184　新建页面

步骤 06　使用"圆形"元件和文本元件完成如图 4-185 所示的效果。使用"矩形"元件创建如图 4-186 所示的矩形，填充颜色设置为 #FFD600。

图 4-185　创建页面

图 4-186　绘制矩形

步骤 07　继续使用"矩形"元件绘制一个矩形，如图 4-187 所示。同时选中两个矩形，单击"样式"面板上的"去除"按钮，矩形效果如图 4-188 所示。

图 4-187　使用矩形元件

图 4-188　去除操作

步骤 08　双击进入矩形的"点"编辑模式，拖动调整矩形效果如图 4-189 所示。使用"文本标签"元件添加文字，效果如图 4-190 所示。

图 4-189　调整矩形形状

图 4-190　使用"文本标签"元件

步骤 09　拖动选中如图 4-191 所示的元件，单击工具栏中的"组合"按钮，将元件编组。复制组合并修改图片填充和文本内容，最终效果如图 4-192 所示。

图 4-191　将元件编组

图 4-192　复制并修改内容

步骤 10 继续为"设计师"页面添加名称为"简约"的子页面，使用母版文件和元件完成页面的制作，效果如图 4-193 所示。

图 4-193 完成"简约"页面的制作

步骤 11 继续使用相同的方法制作"首页"子页面，"购物""定制"和"我的"页面，效果如图 4-194 所示。"页面"面板如图 4-195 所示。

图 4-194 子页面效果   图 4-195 "页面"面板

 **设计制作 iOS 系统功能图标**

在设计制作原型时，可以通过使用 Axure RP 元件的运算制作各种图形效果。Axure RP 9 为用户提供了合并、去除、相交和排除 4 种运算操作。

扫码看视频

步骤 01　将"圆形"元件拖曳到页面中，效果如图 4-196 所示。将"矩形"元件拖入页面中，在"样式"面板中修改其圆角半径，效果如图 4-197 所示。

步骤 02　按住键盘上 Ctrl 键的同时向上拖曳复制一个矩形元件，如图 4-198 所示。将"圆形"元件和下面的"矩形"元件同时选中，单击"样式"面板中的"合并"按钮，如图 4-199 所示。

 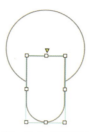 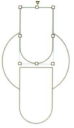 

图 4-196　拖入"圆形"元件　图 4-197　拖入"矩形"元件　图 4-198　复制元件　　图 4-199　合并操作

步骤 03　合并效果如图 4-200 所示。将"合并"元件与上面的"矩形"元件同时选中，单击"样式"面板上的"去除"按钮，如图 4-201 所示。

步骤 04　去除效果如图 4-202 所示。将光标移动到元件控制点上，按住键盘上的 Ctrl 键的同时拖曳旋转元件，效果如图 4-203 所示。

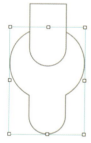  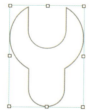 

图 4-200　合并效果　　　图 4-201　去除操作　　　图 4-202　去除效果　　图 4-203　旋转元件

4.8　本章小结

本章内容主要围绕电子商务项目静态高保真原型设计展开，在草图设计完成的基础上，读者了解了原型的基本架构后，进一步掌握静态高保真原型的设计制作规范与技巧，为后续的交互设计奠定基础。

4.9　课后习题

完成本章任务后，下面通过几道课后习题，读者检验一下学习效果，同时加深对所学知识的理解。

4.9.1 选择题

习题答案

1. 经过精心设计渲染，模拟交互效果，接近真实成品，给客户提供最直接的模拟体验是（　　　）原型。

A. 高保真　　　　　B. 低保真　　　　　C. 草图　　　　　D. 高分辨率

2. 一个成功的 App 要在用户体验方面考虑（　　　）四个要素。

A. 可用性、便捷性、内容和品牌　　　　B. 可用性、功能性、内容和品牌

C. 可用性、功能性、盈利和推广　　　　D. 可用性、便捷性、盈利和品牌

3. 从用户使用的角度出发，用户体验包括（　　　）。

A. 感官体验　　　　　　　　　　　　　B. 感官体验、交互体验和情感体验

C. 触感体验、视觉体验　　　　　　　　D. 交互体验、情感体验

4. 切割图片的方式有（　　　）种。

A. 一个　　　　　　B. 三个　　　　　C. 四个　　　　　D. 无数个

5. 在设计制作原型图时经常会重复出现一些元素，为了便于使用，可以为这些重复使用的元素定义成（　　　）。

A. 组合　　　　　　B. 矩形元件　　　　C. 母版　　　　　D. 元件样式

4.9.2 填空题

1. 从原型设计到完成最终效果可以分为＿＿＿＿＿、＿＿＿＿＿＿、＿＿＿＿＿3 个层次。

2. 为了获得更好的原型效果，很多产品经理采用＿＿＿＿＿＿的原型，以确保策划与最终的展示效果一致。

3. 用户可以通过"样式"面板中的＿＿＿＿＿＿＿对话框为元件添加各种样式。

4. 辅助线包括＿＿＿＿＿＿和＿＿＿＿＿＿两类。

5. 产品原型制作的三个要素是＿＿＿、＿＿＿、＿＿＿。

6. 对于用户而言，视听上的舒适性具有先入为主的意义，如网站或 App 设计风格、色彩的搭配、页面的布局、页面的大小等，这些是用户的＿＿＿体验。

4.10 创新实操

根据本章节所学内容，设计制作体育社交 App 项目——"拼动动"的静态高保真原型，具体要求如下：

- 页面尺寸以"苹果 iPhone8（375×667）"为例。
- 页面图片清晰，字体格式统一样式，整体效果统一。
- 页面应包含"母版"。
- 借助"图片"元件样式中的"调整颜色""裁剪""切割"等命令修改图片样式。

第5章

电子商务项目交互设计

——使用交互展示项目流程

随着网络购物环境的不断优化，用户在进行电子商务行为时不需要与企业面对面地接触，仅需滑动手指就可在 App 上轻松完成浏览商品、选择商品和购买商品等操作。如何使用户通过与 App 交互，快速找到自己感兴趣的商品并完成购买流程是一个电子商务项目需要着重考虑的内容。

图 5-1 所示为"严选"App 的首页效果，用户可以通过页面中的分类信息快速找到感兴趣的商品。也可以在页面底部的导航中完成与个人有关的操作。合理有效的交互是一个 App 项目成功的基础。

图 5-1 "严选"App 首页

5.1 交互设计的概念

交互设计是指两个或多个互动的个体之间交流的内容和结构，使之互相配合，共同达成某种目的。

交互设计是 App 产品与人之间以虚拟界面为载体的对话机制。在保持 App 产品原有功能的基础上，让用户用更低的成本建立对 App 产品的基本认知，并努力创造和建立人与 App 产品及服务之间有意义的关系。图 5-2 所示为交互设计的目标。

交互设计更加注重 App 产品和使用者行为上的交互以及交互的逻辑过程。可视化的界面组件是为交互行为服务的，它可以更美、更抽象、更艺术化，但不可以为了任何理由破坏产品的交互行为。

图 5-2　交互设计的目标

> **提示**：交互设计核心有"可用性"和"用户体验"两个层面，关注以人为本的用户需求。

从用户角度来说，交互设计是一种让 App 产品易用、有效且让人愉悦的技术。它致力于了解目标用户和他们的期望，了解用户在与 App 产品交互时彼此的行为，了解"人"本身的心理和行为特点，同时，还包括了解各种有效的交互方式，并对它们进行增强和扩充。图 5-3 所示为在交互设计时需要关注以人为本的用户需求。

图 5-3　交互设计中以人为本的用户需求

5.2 电子商务中的交互设计

随着电子商务的迅猛发展，用户的消费心理不再是简单地拥有商品，愉悦、简洁、人性化的购物体验成为消费购物的重要组成部分。

电子商务交互设计致力于了解目标用户及其期望值，通过细节设计简化交互行为，追求产品的实用性、易用性和简洁性。让用户收获愉悦操作体验的同时，获得品牌形象，获得稳定的消费群体。为了获得更好的用户体验效果，在进行交互设计时，应注意以下几点。

5.2.1　可点击区域宜大不宜小

研究表明，当距离一定时，目标越小，所花费的时间越长；目标越大，所花费的时间越短。因此，App 界面中按钮等可点击区域在合理的范围之内越大越容易点击；越小则越不容易操作。

图 5-4 所示的是哈啰单车和 ofo 共享单车的 App 界面，两款 App 界面中最重要的"扫码开锁"按钮不约而同地使用了圆形按钮，而 ofo 共享单车的"扫码开锁"按钮明显要比哈啰单车的大很多。因为 ofo 共享单车的按钮相比较而言更容易点击，用户使用时就会更加舒适便捷，从而降低用户的操作难度，提升了用户体验。

图 5-4　可点击区域对比

5.2.2　给用户的选项宜少不宜多

在人机交互界面中选项越多，意味着用户做出决定的时间越长。为了减少用户选择的时间，获得更好的用户体验，可以对选项进行分类，先找到能够满足用户需求的功能，然后再引导用户到其最需要的指定功能上。

图 5-5 所示 App 界面中，在"跑步中"界面点击"暂停"按钮时，会出现"继续"和"结束"按钮。用户需要长按"结束"按钮才能真正结束这次跑步，在减少反应速度的同时又降低了错误操作概率。

图 5-5 选项数量对比

如果界面中导航或选项的内容很多，可以把大块整段的信息分割成小段，并显著标记每个信息段和子段，以便清晰地确认各自的内容。

> **提示：随着用户选择选项，具体内容慢慢扩展，引导用户通过新类别快速寻找到他们感兴趣的内容。**

图 5-6 所示的天猫商城首页中的导航，内容丰富，信息庞大，采用多个层级的商品分类选项卡，能让用户清晰明了地找到自己感兴趣的商品分类，降低了用户寻找商品的时间成本，提升了用户体验。

天猫商城的导航采用多个层级的商品分类选项卡，提升用户找寻商品的效率

图 5-6 天猫商城页面商品分类导航

5.2.3　使用接近原则

接近原则被广泛应用于 App 页面内容的组织以及分组设计中，引导用户的视觉流，对方便用户解读界面起到非常重要的作用。通过接近原则将同类内容进行分组，将相似的、有关联的信息尽量摆在一起，让用户在潜意识里就能意识到自己想要的信息可能出现的位置。

图 5-7 所示为 App 产品的登录和注册页面，用户输入内容之后通常会需要提交信息进行登录，因此输入内容和提交按钮本身存在紧密的联系。在界面设计时通常输入框附近一定会有提交按钮，方便用户进行下一步操作。

图 5-7　使用接近原则

5.2.4　使用防错性原则

防错性原则是交互设计人性化的重要表现，它不是要求用户一定不出错，而是通过细节的再设计最大限度降低用户出错所造成的损失。

设计时可提前预知用户会出现的错误并进行设计调整，区分用户必填和选填内容，提供默认选项和按钮，减少用户的工作量，从而减少或者避免用户犯错。并且，要在用户操作重要功能时给予提示，防止用户犯下不可挽回的错误。

图 5-8 所示为一家教育机构的 App 界面，该 App 采用预约的形式定制课程。临近上课时，用户难免会因为突发情况需要取消预约课程。因此，在"课程页面"的设计上，用户除了可以选择观看上课，了解课堂情况以外，还可方便地取消预约，减少了预约与实际安排的时间冲突，避免不必要的经济损失。

图 5-8 应用防错性原则

5.2.5 选用最简捷设计

相对于复杂的用户界面，简约主义界面更易于使用，更符合现代人快节奏的浏览方式，更利于创建流畅的用户体验环境。多余的设计元素都会降低设计的效率，引发其他的操作问题，降低吸引力。

如果要从功能相同的设计中做出选择，最好选用最简洁设计，直接展示最有用的功能，减少无关信息，减少点击次数，以降低用户找到有效信息的时间成本。

图 5-9 所示为百度搜索首页界面，因其搜索内容准确及时、搜索首页设计简洁而被大众所喜爱。打开页面，映入眼帘的就是突出显眼的搜索框，直接输入文字就能够进行搜索。而其他相关信息则通过单击右上角的"更多产品"按钮，给需要的用户提供了一个信息的入口。

百度搜索首页专注搜索，搜索框显眼吸睛。而"更多产品"的链接为用户提供了更多的选择

图 5-9 百度搜索引擎首页

在电子商务交互设计中，依据用户需求，按照以上几方面的设计技巧及方法，才是提升产品用户体验，提升用户点击率及转化率的制胜法宝。

5.3　交互设计对用户体验的影响

用户体验是交互设计中非常重要的一部分，在购物流程的交互设计中尤为明显，购物流程中优秀的交互设计能够提升用户的交互体验，让用户对网站平台产生信任，有利于提升流量，提高转化率。

> **提示**：交互体验是呈现给用户操作上的体验，强调易用性、可用性。感官体验是用户体验中最直接的感受，给用户呈现视听上的体验，网站的舒适性非常关键，是决定用户是否继续浏览网站的基础。

5.3.1　快速找到目标商品

在购物网站的信息组织结构中，网站中包含的信息量是惊人的，主要包括商品信息、卖方信息、店铺信息和物流信息等。对用户来说商品信息是最重要的，但它也是网站中数量最多的。在对这些信息的有效组织中，最需要考虑的就是如何使商品信息的排版布局、反馈和文案等基础型设计符合用户的习惯，让用户更高效地找到目标商品，帮助用户决策购买。

图 5-10 所示为淘宝天猫商城首页，页面中注册登录模块、搜索模块、导航模块和标签系统模块布局合理，用户可以通过不同的渠道快速找到自己感兴趣的商品。

①注册登录、个人中心等系统模块
②搜索系统模块
③导航系统模块
④标签系统模块

图 5-10　淘宝天猫商城首页布局

5.3.2　快速获取和理解信息

交互设计承担着品牌传达、信息传达和功能传达等功能，用户获取和理解信息的效率是交互设计中最需要关注的。对于一个刚刚进入平台的用户，需要用少而精的交互重点展示商品的核心卖点以吸引用户。

图 5-11 所示 App 中使用较大尺寸的图片和视频，快速引导用户访问感兴趣的内容，通过对比明确的按钮，引导用户关注 App 中的特定内容。

图 5-11　引导用户访问特定内容

5.3.3　带动用户购物情绪

购物流程中的情感认知体验是用户对电商平台的情感反应能力，用户在购物的过程中克服认知方面的问题产生的成就感即是情感体验。因此，在购物网站中情感交互设计应使用户感到易用、可用，对网站产生亲近感、信任感，进一步影响用户的购买欲望。

图 5-12 所示商品详情页面中，为了增加用户的信任感，特意展示了卖家的信誉、描述、服务和物流以及商品的累计评价等信息。这些信息的展示可帮助用户建立对商品优势及卖点的认识，促进用户下单。

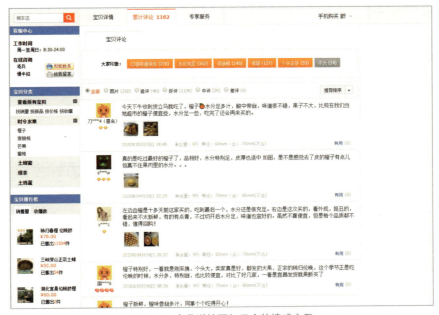

图 5-12　商品详情页与用户的情感交互

5.4 电子商务的交互逻辑

交互设计是针对使用产品的用户而进行的设计，因此电子商务网站中的交互设计在考虑网站功能逻辑的同时，还需以了解用户认知、情感和环境等因素为交互设计的前提，以用户的行为、目的以及购物习惯为主要切入点，让用户在使用过程中舒适、易用，增加用户黏性，提升用户忠诚度。

5.4.1 注册与登录中的交互设计

网站通过用户注册功能可以获取更多的固定用户，另一方面给用户独有的个人中心，以获取更详细的用户信息及诉求，为用户提供个性化服务。

> **提示：** 电子商务网站的注册页面通常包括填写用户信息内容、注册引导、服务条款、验证码以及提交按钮五部分组成。

平台希望获得用户更全面的信息，以挖掘用户需求，迎合用户期望开展运营。而大部分用户则希望注册流程尽量去繁就简，太过烦琐的注册页面容易让用户望而却步。因此，注册页面的设计要有所取舍，将用户最基本且愿意公开的信息作为必选项，而一些不必要的关乎隐私的信息则可以设置成可选填，甚至去除，以保证用户使用平台的安全感。

图 5-13 所示为 QQ 注册页面。界面设计简洁、清新，能迅速获得用户的信任。点击密码输入框，弹出的动态提示信息让用户快速了解密码规则，省时省力。点击手机号码输入框，则弹出验证码按钮，防止网站被恶意攻击，保护用户信息安全。

图 5-13 QQ 注册页面

当用户点击输入账号的输入框时，表单下方会出现用户常用登录账号，方便用户操作。如果用户名和密码正确无误，则显示"登录成功"。如果密码输入有误，系统会自动清除错误密码，并给予用户反馈和找回密码的操作提示，如图 5-14 所示。

图 5-14　扫描二维码登录 / 输入账号密码登录 / 第三方账号登录

5.4.2　选择过程中的交互设计

商品选择过程中的交互设计相对注册与登录界面的交互设计要复杂很多。所包含的交互环节主要有搜索交互、筛选交互、比较交互、查看评价交互和加入购物车交互。

1. 搜索交互

搜索功能一般在首页的顶部直接展示，它可以帮助用户快速查找到所需商品，节约用户时间。用户只需要通过部分关键字等表达模糊搜索需求，系统就会根据搜索引擎判断用户需求，呈现贴近用户需求的商品展示。

> **提示：** 观察发现，目的明确的用户在进入到网站首页时，通常触发到的第一个交互就是搜索交互。

淘宝 App 在首页顶部的位置为用户提供了搜索功能，不仅方便用户搜索商品，还提供了模糊搜索建议列表，为用户提供了细化搜索条件的信息，简化了用户的操作，如图 5-15 所示。

图 5-15　淘宝 App 的搜索功能

2. 筛选交互

筛选交互可以帮助用户对功能信息进行快速的定位，缩短用户的查找时间。它是用户在搜索未果或者需求不明确时，系统提供给用户查找信息的途径。用户通过标签、按钮、信息列表等，进行类目查找，快捷选择自己所需的商品。

在"我的老师"界面中，为用户提供可根据上课时间、外教条件两种方式的筛选模板。用户可根据自己的情况选择合适的时间上课，也可选择满足筛选条件的老师上课，灵活而高效，如图 5-16 所示。

图 5-16　筛选交互界面

3. 比较交互

用户在购物时总会被繁多的商品搞得眼花缭乱，而平台系统提供的比较交互功能可以用来比较两个及以上同类商品的基本信息、价格和参数等内容，帮助用户更好地做出购买选择。

图 5-17 所示为京东平台商品列表页的商品对比功能。以手机为例，用户进入手机专区，每一款商品主图下方会显示"对比"标签，点击即可将本商品添加到"对比栏"，在"对比栏"里，用户可以对 2 ～ 4 种商品进行比较，各商品的属性分类展示一目了然，帮助用户迅速了解产品，找到自己心仪的商品。

图 5-17　京东平台比较交互

4. 查看评价交互

商品评价影响着用户的购买决策。评价的作用一方面为促进买卖双方基于真实的交易做出客观真实的评价，另一方面，为其他的用户在购买过程中提供参考。通过对购买用户的评分数据进行统计，系统自动算出好评率，并把数据通过数字反馈给用户，还对购买用户的评论做出数据统计，为即将购买的用户提供可靠数据，帮助用户做出选择。

> **提示：**观察发现，85% 的用户在决定购买商品之前会查看商品的评论，55% 的用户在查看评论后放弃购买商品。可见，电子商务网站中商品评价的重要性。

淘宝 App 为用户提供了宝贝评价、洋淘买家秀和问大家等多种查看评价交互功能。用户可以查看"宝贝评价"方便地查看商品的好中差评论，了解已购买用户的真实使用感受；也可以通过"问大家"，询问其他购买者以解决用户对本商品的疑惑，如图 5-18 所示。

图 5-18　手机淘宝的商品评价界面

5. 加入购物车交互

加入购物车是在购物流程中承上启下的重要步骤。加入购物车可以让用户分批多次选购商品，也可以同时在多家店铺同时选购商品，一起结算，方便快捷。

> **提示：** 放入到购物车的商品不一定都是用户最终要购买的商品，这时购物车就像一个中转站，替用户暂时收藏感兴趣的商品直至商品过期。

淘宝网的购物车除了可以让用户分批、多次和跨店选购商品外，还设置了用户可以在购物车页面中修改商品的规格以及数量的交互；针对用户不想购买的情况，可以通过删除交互删除；而当购物车满而用户又不想删除商品时可以先将产品移入收藏夹，如图 5-19 所示。

图 5-19　淘宝网的购物车交互

通过购物车页面中的多种交互，方便用户管理加入购物车商品的信息，避免了用户重新返回商品详情页的麻烦。

5.4.3　结算过程中的交互设计

结算流程是用户完成交易的最后一个环节。结算行为中的交互触发在用户首次登录结算页时，使用频率比较频繁，当用户再次进行结算行为时，规则会自动填充用户之前输入过的数据或以默认数据的形式出现，免去用户重复输入的麻烦。

> **提示：** 很多大型电子商务网站的结算页通常包括选择地址交互、确认信息交互、运送方式交互及提交订单交互等几部分内容。

图 5-20 所示为淘宝天猫结算页，在选择收货地址时，系统会根据用户收货地址的数据记录，给予用户默认收货地址，减少用户重复输入。同时，购物网站还增添了修改地址交互以及管理地址交互，满足用户随时对多个地址进行管理的需求。确认信息交互一般以静态文本和图标的方式出现。目的是为了让用户明确商品信息，收货地址及其金额。

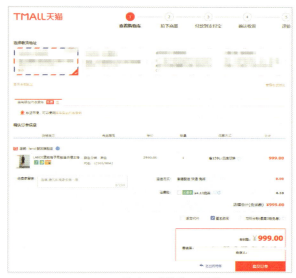

图 5-20　淘宝天猫结算页界面

5.4.4　评价系统中的交互设计

评价系统是信任体系的重要一环，它将商品、商家、消费者和平台联系了起来。构建评价系统一方面可以让购买此商品的用户给予评价反馈，为潜在购买者提供决策参考；另一方面也是一个激励和制约机制，促使商家在商品质量、客户服务及物流服务等方面不断改进，重视用户购物体验，吸引更多固定用户。

手机淘宝的用户评价页面主要包含了描述相符、物流服务和服务态度三个维度的评价指标。用户可以通过发表文字、图片和视频等提供更加具体、细致的商品评价信息，为其他用户提供参考，激励商家不断改进服务，如图 5-21 所示。

图 5-21　评价系统中的交互设计

提示：电子商务交互设计一定要紧紧围绕着用户体验和以用户目标为导向这两个核心要素去做，不要轻易挑战用户的已有认知或习惯，同时尝试引导用户，使项目及用户获得双赢。

5.5 任务——为 App 原型添加页面交互

创意家居 App 的页面原型制作完成后，需要为其添加交互将所有页面结合在一起，形成高保真的原型。便于用户和开发人员了解整个项目中页面的关系。

5.5.1 任务描述——为 App 添加页面导航交互

在为 App 原型添加交互时，通常会采用添加到页面和元件两个方式。例如启动页和开屏广告页，都通过设置"页面载入时"事件实现交互效果。而页面中针对单个元件的交互效果，通常需要选中元件后再添加交互。

本任务中制作了创意家居 App 项目中最基础的页面交互效果，页面间交互关系图如图 5-22 所示。

图 5-22　页面交互关系图

5.5.2 技术引进——在 Axure RP 中添加页面交互

将页面想象成舞台，而页面交互事件就是在大幕拉开的时刻向用户呈现的效果。需要注意的是在原型中创建的交互命令是由浏览器来执行的，也就是说页面交互效果需要"预览"才能看到。

在页面中空白位置单击，单击"交互"面板中的"新建交互"按钮或者打开"交互编辑器"对话框，可以看到页面触发事件如图 5-23 所示。

图 5-23 页面触发事件

　　触发事件可以理解为产生交互的条件，例如当页面载入时，将会如何；当窗口滚动时，将会如何。而将会发生的事情就是交互事件的动作。

　　单击"页面载入时"选项，"交互"面板将自动弹出添加动作列表，如图 5-24 所示。"交互编辑器"对话框中将把触发事件添加到"组织动作"并自动激活"添加动作"选项，如图 5-25 所示。

图 5-24 "交互"面板　　　　　　图 5-25 "交互编辑器"对话框

　　页面交互动作包括打开链接、关闭窗口、在框架中打开链接和滚动到元件 4 个选项，下面逐一进行讲解。

1. 打开链接

选择"打开链接"动作后，用户将继续设置动作，设置链接页面和链接打开窗口，如图 5-26 所示。

图 5-26　设置动作

单击"选择页面"选项，用户可以在弹出的下拉列表中选择打开项目页面、链接到 URL 或文件路径、重新载入当前页面和返回上一页 4 种选项，如图 5-27 所示。

单击"当前窗口"选项，用户可以在弹出的下拉列表中选择使用当前窗口、新窗口 / 新标签、弹出窗口或父级窗口打开链接页面，如图 5-28 所示。

图 5-27　选择链接页面　　　　　　　图 5-28　选择打开页面

　打开页面链接

扫码看视频

步骤 01　新建一个 Axure RP 9 文件。单击"交互"面板中的"新建交互"按钮，在弹出的下拉列表中选择"页面载入时"选项，如图 5-29 所示。在弹出的下拉列表中选择"打开链接"选项，如图 5-30 所示。

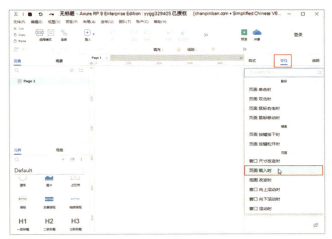

图 5-29　选择触发事件

图 5-30　添加动作

步骤 02　选择"链接到 URL 或文件路径"选项，如图 5-31 所示。在文本框中输入如图 5-32 所示的 URL 地址。

图 5-31　选择链接

图 5-32　输入链接 URL

步骤 03　在更多选项中设置"弹出窗口"打开位置，如图 5-33 所示。单击"完成"按钮。单击"预览"按钮，页面载入时弹出窗口效果如图 5-34 所示。

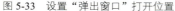

图 5-33　设置"弹出窗口"打开位置

图 5-34　预览效果

2. 关闭窗口

选择"关闭窗口"动作，将实现在浏览器打开时自动关闭当前浏览器窗口的操作，如图 5-35 所示。

图 5-35　选择"关闭窗口"动作

3. 在框架中打开链接

使用"内联框架"元件可以实现多个子页面显示在同一个页面的效果。选择"框架中打开链接"动作，弹出如图 5-36 所示的对话框。通过设置，实现更改框架链接页面的操作。用户可以分为"父级框架"和"内联框架"设置链接页面，如图 5-37 所示。

图 5-36　选择框架层级

图 5-37　设置链接页面

"内联框架"指当前页面中使用的框架,"父级框架"指两个以上的框架嵌套,也就是一个打开的页面中也使用了框架,打开的页面称为父级框架。

4. 滚动到元件

滚动到元件指的是页面打开时,自动滚动到指定的位置。这个动作可以用来制作"返回顶部"的效果。

用户首先要指定滚动到哪个元件,如图 5-38 所示。然后设置滚动的方向为"水平""垂直"或"不限",如图 5-39 所示。单击"动画"选项下的 None 选项,在弹出的下拉列表中可以选择一种动画方式,如图 5-40 所示。

图 5-38 指定滚动元件

图 5-39 设置滚动方向

图 5-40 设置动画方式

选择一种动画方式,可以在后面的文本框中设置动画持续的时间长度,如图 5-41 所示。单击"确定"按钮,即可完成滚动到元件的交互效果。

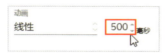
图 5-41 设置动画持续时间

> **提示**:页面滚动的位置受页面长度的影响,如果页面不够长,则底部的对象无法实现滚动效果。

5.5.3 任务实施——设计制作页面导航交互

扫码看视频

步骤 01 打开第 4 章设计制作的创意家居原型文件,如图 5-42 所示。双击进入"主界面"页面,选中图标组,在"交互编辑器"对话框中为其添加"单击时"事件,再添加"打开链接"动作,设置动作如图 5-43 所示。

步骤 02 进入"启动页"页面,在"交互编辑器"对话框中添加"页面载入时"事件,再添加"等待"动作,设置"等待"数值为 2000ms,如图 5-44 所示。再添加"打开链接"事件,设置动作如图 5-45 所示。

图 5-42　打开原型文件

图 5-43　设置动作

图 5-44　添加页面交互

图 5-45　添加页面交互

步骤 03　进入"开屏广告"页面，双击 pop 动态面板元件，进入面板编辑模式，使用"圆形"元件绘制一个 9×9px 的圆形，如图 5-46 所示。选中圆形，在"交互编辑器"对话框中为其添加"单击时"事件，再添加"设置面板状态"动作，设置动作如图 5-47所示。

图 5-46　绘制圆形

图 5-47　添加交互

步骤 04　继续绘制圆形，效果如图 5-48 所示。在"交互编辑器"对话框中为其添加交互事件，如图 5-49 所示。

步骤 05　继续绘制如图 5-50 所示的圆形。在"交互编辑器"对话框中为其添加交互事件，如图 5-51 所示。

图 5-48　绘制圆形

图 5-49　添加交互

 图 5-50　绘制圆形

图 5-51　添加交互

步骤 06　将 3 个圆形元件复制粘贴到其他两个面板状态，如图 5-52 所示。

图 5-52　复制圆形元件

步骤 07　进入 State3 状态，在页面中拖入一个"动态面板"元件，将其命名为 tiyan，双击进入面板编辑模式，拖入一个"按钮"元件，修改文本和样式如图 5-53 所示。在"交互编辑器"对话框中添加交互，如图 5-54 所示。

图 5-53　使用按钮元件

图 5-54　添加交互

步骤 08　添加一个面板状态，使用"按钮"元件创建如图 5-55 所示的效果。在"交互编辑器"对话框中添加交互，如图 5-56 所示。

图 5-55　添加面板状态

图 5-56　添加交互

步骤 09　单击"关闭"按钮，返回 State3 状态。选中 tiyan 元件，在"交互编辑器"对话框中添加"鼠标移入时"事件，再添加"设置面板状态"动作，设置动作如图 5-57 所示。添加"设置面板状态"动作，设置动作如图 5-58 所示。

步骤 10　添加"鼠标移出时"事件，再添加"设置面板状态"动作，设置动作如图 5-59 所示。再添加"设置面板状态"动作，设置动作如图 5-60 所示。

图 5-57　添加交互

图 5-58　添加交互

图 5-59　添加交互

图 5-60　添加交互

　　步骤 11　添加"单击时"事件，再添加"打开链接"动作，设置动作如图 5-61 所示。单击"确定"按钮，页面效果如图 5-62 所示。单击面板编辑模式右上角的"关闭"按钮，返回页面编辑模式。

图 5-61　添加交互

图 5-62　页面效果

　　步骤 12　在"交互编辑器"对话框中添加"页面载入时"事件，再添加"设置面板状态"动作，设置动作如图 5-63 所示。

图 5-63　添加交互

举一反三　为母版添加页面交互

扫码看视频

　　由于该原型将底部的标签栏制作成母版并应用到所有页面中，因此只需为母版添加交互后即能完成所有页面中的页面导航交互效果。

　　步骤01　双击"母版"面板中的"标签栏"文件，进入母版编辑模式，双击动态面板元件，将"热区"元件拖曳到页面中，调整大小位置如图 5-64 所示。

　　步骤02　在"交互编辑器"对话框中添加交互，如图 5-65 所示。

图 5-64　使用热区元件　　　　　　　　　　图 5-65　添加交互

　　步骤03　使用相同的方法，分别为其他栏目添加交互效果，如图 5-66 所示。

　　步骤04　将所有"热区"元件选中，执行"编辑>复制"命令。分别进入不同的状态，执行"编辑>粘贴"命令，完成母版页面效果的添加，如图 5-67 所示。

图 5-66　添加交互效果

图 5-67　将热区复制粘贴到其他状态

5.6　任务二——为 App 原型添加会员交互

本任务将为创意家居 App 会员系统添加交互效果，为原型中的注册 / 登录页面添加简单的超链接交互，实现当用户单击按钮元件时跳转到对应页面的交互效果。

5.6.1　任务描述——添加元件交互效果

会员系统是一个 App 中重要的组成部分，平台可以通过会员系统获得目标用户的信息，做出有目的推广和促销活动。会员系统的交互是否合理，将直接影响目标用户注册成为会员的积极性，会员系统页面交互关系图如图 5-68 所示。

图 5-68　会员系统页面交互关系图

5.6.2　技术引进——在 Axure RP 中添加元件交互

选中页面中的元件后，单击"交互"面板中的"新建交互"按钮或者打开"交互编辑器"对话框，可以看到元件交互触发事件如图 5-69 所示。

图 5-69　交互面板和"交互编辑器"对话框

元件触发事件有鼠标、键盘和形状 3 种，当用户使用鼠标操作、按下或松开键盘或元件本身发生变化，都可以实现不同的动作，如图 5-70 所示。

图 5-70　元件触发事件

任意选择一种触发事件后，用户可以在"交互"面板或"交互编辑器"对话框中添加动作，如图 5-71 所示。

图 5-71　添加动作

Axure RP 9 提供了显示 / 隐藏、设置面板状态、设置文本、设置图片、设置选中、设置列表选中项、启用 / 禁用、移动、旋转、设置尺寸、置于顶层 / 底层、设置不透明、获取焦点和展开 / 收起树节点 14 种动作供用户使用，接下来逐一进行讲解。

5. 显示 / 隐藏

单击"交互编辑器"对话框左侧列表中的"显示 / 隐藏"动作，在弹出的对话框中选择应用该动作的元件，如图 5-72 所示。如果没有在该弹出对话框中选择元件，用户也可以在右侧"目标"选项下拉列表中选择要应用元件，如图 5-73 所示。

图 5-72　选择应用动作元件

用户可以在"交互编辑器"对话框右侧"设置动作"选项下设置显示 / 隐藏元件的动作，如图 5-74 所示。

图 5-73　目标下拉列表　　　　　　　图 5-74　设置动作

- 显示

单击"显示"按钮，可将元件设置为显示状态。用户可以在"动画"选项下的下拉列表中选择一种动画形式，并在时间文本框中输入动画持续的时间，如图 5-75 所示。在"更多选项"下拉列表中可以选择更多的显示方式，如图 5-76 所示。

图 5-75　设置动画选项

图 5-76　更多选项

勾选"置于顶层"复选框，动画效果将出现在所有对象上方。这样可以避免被其他元件遮挡而看不到完整动画效果。选择"灯箱效果"，将允许用户设置一个背景颜色，实现类似灯箱的效果。选择"弹出效果"，将自动结束触发事件。选择"推动元件"，将触发事件的元件向一个方向推动。

- 隐藏

单击"隐藏"按钮，可将元件设置为隐藏状态。也可以设置隐藏动画效果和持续时间，如图 5-77 所示。在"更多选项"下拉列表中选择 "拉动元件"选项，可以实现元件向一个方向隐藏的动画效果，如图 5-78 所示。

图 5-77　设置隐藏

图 5-78　更多选项

6. 切换

要实现"切换"可见性，需要使用两个以上的元件。用户可以分别设置显示动画和隐藏动画，其他设置与"隐藏"状态相同，就不再一一介绍了。

 显示 / 隐藏图片

扫码看视频

步骤 01　新建一个 Axure RP 9 文件。将"主要按钮"元件拖曳到页面中并修改文本内容，如图 5-79 所示。使用矩形元件和文本元件创建如图 5-80 所示的效果，单击工具栏中的"组合"按钮，将多个元件组合。

图 5-79 使用按钮元件

图 5-80 组合元件效果

步骤 02 在样式面板中分别指定两个元件的名称为"提交"和"菜单",如图 5-81 所示。将"菜单"组合元件移动到合适位置。单击"样式"面板中的"隐藏"按钮,将"菜单"元件隐藏,如图 5-82 所示。

图 5-81 为元件指定名称

图 5-82 调整元件位置并隐藏元件

步骤 03 选中"提交"元件,在"交互编辑器"对话框中添加"单击时"事件,"显示 / 隐藏"动作,设置动作如图 5-83 所示。单击"确定"按钮完成交互制作。单击"预览"按钮,预览效果如图 5-84 所示。

图 5-83 添加元件交互

图 5-84 预览效果

7. 设置面板状态

该动作主要针对"动态面板"元件,将"元件"面板的"动态面板"元件拖曳到页面中,单击"交互"面板中的"新建交互"按钮或者在"交互编辑器"对话框中选择"鼠标移入时"事件,单击添加"设置面板状态"动作,设置各项参数后,即可完成交互效果,如图 5-85 所示。

图 5-85　设置面板状态

8. 设置文本

"设置文本"动作可以实现为元件添加文本或修改元件文本内容的交互效果。

9. 设置图片

设置图片动作可以为图片指定不同状态的显示效果。

10. 设置选中

使用该动作可以设置元件是否为选中状态，通常是为了配合其他事件而设置的一种状态。"设置"下拉列表中有值、变量值、选中状态和禁用状态 4 个选项，如图 5-86 所示。

要想使用该动作，元件必须本身具有选中选项或使用了例如"设置图片"等动作。例如为一个按钮元件设置选中动作，则该元件在预览时将显示为选中状态。

图 5-86　设置选中动作

11. 设置列表选中项

该动作主要被应用于"下拉列表"元件和"列表框"元件。用户可以通过"设置列表选中项"动作，设置当单击列表元件时，列表中的哪个选项被选中。

12. 启用 / 禁用

用户可以使用该动作设置元件的使用状态为启用或禁用。也可以设置当满足某种条件时，元件启用或禁用，通常是为了配合其他动作使用的。

13. 移动

使用"移动"动作可以实现元件移动的效果。用户可以选择设置"移动"方式为"经过"或"到达"，在文本框中输入移动的坐标位置。选择如图 5-87 所示的"动画"效果，在"时间"文本框中输入持续时间。可以通过为移动设置边界，控制元件移动的界限，如图 5-88 所示。

14. 旋转

该动作可以实现元件旋转效果。用户可以在设置动作选项下设置元件旋转的角度、方向、锚点、锚点偏移和动画及事件，如图 5-89 所示。

图 5-87　设置动画效果

图 5-88　设置边界

图 5-89　设置旋转动作

15. 设置尺寸

使用"设置尺寸"动作可以为元件指定一个新的尺寸。用户可以在尺寸的文本框中输入当前元件的尺寸。单击"锚点"图形选择不同的中心点，锚点不同，动画的效果也会不同。如图 5-90 所示。

在"动画"下拉列表中选择不同的动画形式，如图 5-91 所示。在"时间"文本框中输入动画持续的时间。

图 5-90　设置尺寸和锚点

图 5-91　设置动画形式

16. 置于顶层 / 底层

使用"置于顶层 / 底层"动作，可以实现当满足条件时，将元件置于所有对象的顶层或底层。添加该动作后，用户可以在"设置动作"选项下设置将元件置于顶层还是置于底层，如图 5-92 所示。

17. 设置不透明

使用"设置不透明"动作可以实现当满足条件时，为元件指定不同的不透明性效果。添加该动作后，用户可以在"设置动作"选项下设置元件的不透明性和动画效果，如图 5-93 所示。

图 5-92 设置置于顶层 / 底层

图 5-93 设置不透明性和动画效果

18. 获取焦点

"获取焦点"指的是当一个元件通过点击时的瞬间。例如用户在"文本框"元件上单击，然后输入文字。这个单击的动作，就是获取了该文本框的焦点。该动作只针对"表单元件"起作用。

将"文本框"元件拖入到页面中，在"交互"面板中添加提示文字，如图 5-94 所示。选择元件，添加"获取焦点时"事件，添加"获取焦点"动作，选择文本框元件并勾选"获取焦点时选中元件上的文本"复选框，如图 5-95 所示。

图 5-94 输入提示文字

图 5-95 设置动作

单击"确定"按钮，完成交互的制作。单击"预览"按钮，预览效果如图 5-96 所示。

图 5-96 预览效果

19. 展开 / 收起树节点

该动作主要被应用于"树"元件、"水平菜单"元件和"垂直菜单"元件。通过为元件添加动作，实现展开或收起树节点的操作，如图 5-97 所示。

图 5-97　设置动作参数

扫码看视频

5.6.3　任务实施——设计制作注册 / 登录交互

步骤 01　将 5-5-3.rp 文件打开，双击进入"登录页"页面，如图 5-98 所示。选中"登录"按钮，在"交互编辑器"对话框中为其添加交互，如图 5-99 所示。

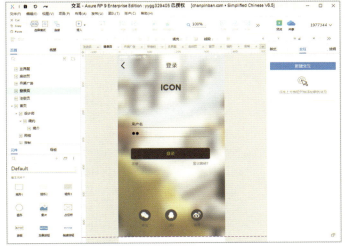

图 5-98　打开"登录页"页面

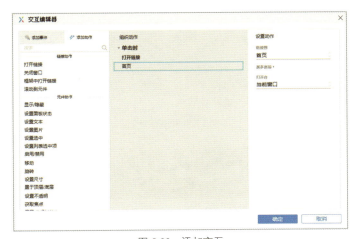

图 5-99　添加交互

步骤 02　选中"注册"文本元件，如图 5-100 所示。在"交互编辑器"对话框中为其添加交互，如图 5-101 所示。

图 5-100　添加交互

图 5-101　添加交互

步骤 03　分别选中页面底部的 3 个图片，在"交互编辑器"对话框中为其添加交互，如图 5-102 所示。添加交互后，图片效果如图 5-103 所示。

图 5-102　为图片添加交互

图 5-103　添加交互的图片

步骤 04　双击进入"注册页"页面，选中"提交"按钮，在"交互编辑器"对话框中为其添加交互，如图 5-104 所示。添加交互后，页面效果如图 5-105 所示。

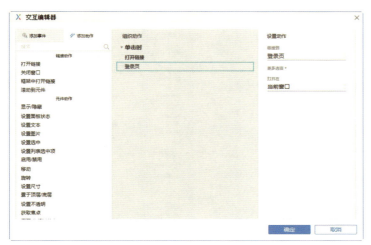

图 5-104　添加交互

图 5-105　页面效果

 **制作 App 轮播图原型**

轮播图是电子商务项目常用的一种表现形式，可以在一个固定的尺寸中同时展示多件商品。使用 Axure RP 常制作轮播图效果，通常都是通过为"动态面板"元件添加事件实现的。

扫码看视频

步骤 01　进入"首页"页面，选中 menu 元件，如图 5-106 所示。

步骤 02　在"交互编辑器"对话框中添加"向左拖动结束时"事件，再添加"设置面板状态"动作，设置动作如图 5-107 所示。

图 5-106　选中元件　　　　　　　　　　　图 5-107　添加交互

步骤 03　添加"向右拖动结束时"事件，再添加"设置面板状态"动作，如图 5-108 所示。

图 5-108　添加交互

步骤 04　单击工具栏中的"预览"按钮，预览效果如图 5-109 所示。

图 5-109　页面预览效果

5.7　任务三——为 App 原型添加购物交互

本案例中将为创意家居 App 购物系统添加交互，实现页面间的跳转关系，展示"设计师"页面、"购物"页面和"定制"页面的交互效果。

5.7.1　任务描述——利用动态面板添加交互效果

购物系统是电子商务项目中最重要的组成部分。用户可以通过导航栏快速访问"购物"页面，根据设计师和产品的分类选择感兴趣的产品购买。也可以通过导航栏访问"定制"页面，提交定制需求。购物系统页面交互关系如图 5-110 所示。

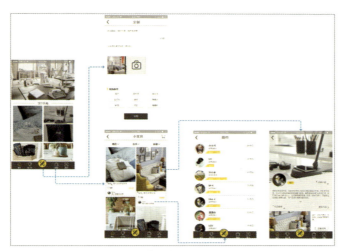

图 5-110　购物系统页面交互关系

5.7.2　技术引进——动态面板的使用

"动态面板"元件是 Axure RP 中功能最强大的元件，是一个化腐朽为神奇的元件。通过使用"动态面板"元件，用户可以实现很多其他原型软件无法实现的动态效果。动态面板可以被简单地看作是拥有很多种不同状态的一个超级元件。

在"元件"面板选中"动态面板"元件，将其拖曳到页面中，效果如图 5-111 所示。

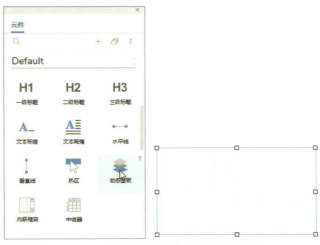

图 5-111　使用"动态面板"元件

双击"动态面板"元件，工作区将转换为动态面板编辑状态，如图 5-112 所示。用户可以在该状态中完成动态面板的各种操作。单击右上角的"关闭"按钮即可退出动态面板编辑状态，如图 5-113 所示。

图 5-112　动态面板编辑界面

图 5-113　关闭动态面板编辑状态

提示： 一个动态面板通常由多个面板组成，为了便于查找使用，对于每一个面板都要重新指定名称，尽量不要使用默认的名称。

单击动态面板下拉面板中任意动态面板状态右侧的"重复状态"按钮，即可复制当前动态面板状态，如图 5-114 所示。单击"删除状态"按钮，即可将当前动态面板状态删除，如图 5-115 所示。

图 5-114　重复状态

图 5-115　删除状态

用户也可以通过单击"概要"面板中动态面板后面的"添加状态"按钮为该动态面板添加面板状态，如图 5-116 所示。单击面板状态后面的"重复状态"按钮，可以复制当前动态面板状态，如图 5-117 所示。

图 5-116　添加状态

图 5-117　重复状态

用户可以通过单击动态面板下拉面板中的状态选项实现在不同动态面板状态间的跳转。也可以通过单击动态面板标题上的左右箭头实现在面板状态间的跳转，如图 5-118 所示。通过单击"概要"面板中不同面板状态，完成在面板状态间的跳转，如图 5-119 所示。

用户可以在动态面板下拉面板中或"概要"面板中通过拖曳的方式改变动态面板状态的顺序。选中动态面板状态中的一个元件，单击右上角的"隔离"按钮，如图 5-120 所示，即可隐藏该动态面板状态中的其他元件。

图 5-118　单击实现面板状态的跳转　　　图 5-119　"概要"面板　　　图 5-120　隔离操作

在"动态面板"元件上右击，在弹出的快捷菜单中选择"从首个状态脱离"选项，如图 5-121 所示，即可将该动态面板中的第一个面板状态脱离为独立状态。该状态中的元件以独立状态显示，如图 5-122 所示。

图 5-121　执行命令　　　　　　　　图 5-122　从首个状态脱离对比

使用动态面板

步骤 01 新建一个 Axure RP 9 文件。将"动态面板"元件拖曳到页面中，效果如图 5-123 所示。双击"动态面板"元件，进入动态面板编辑模式，新建两个动态面板状态，如图 5-124 所示。

图 5-123 使用"动态面板"元件

图 5-124 添加动态面板状态

步骤 02 选择娱乐新闻动态面板状态，使用"矩形 3"元件制作如图 5-125 所示的效果。使用"文本标签"完成如图 5-126 所示的页面。

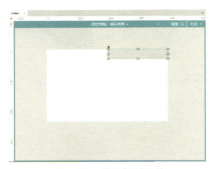

图 5-125 使用矩形元件

图 5-126 使用"文本标签"元件

步骤 03 使用相同方法编辑体育新闻动态面板状态，页面效果如图 5-127 所示。双击返回页面编辑状态，将"热区"元件拖曳到页面中，并调整其大小和位置如图 5-128 所示。

图 5-127 编辑动态面板状态

图 5-128 使用"热区"元件

步骤 04 选中热区元件，单击"交互"面板中的"新建交互"按钮，选择"单击时"触发事件，继续选择"设置面板状态"动作，如图 5-129 所示。选择目标和状态，如图 5-130 所示。

图 5-129 新建交互

图 5-130 设置面板状态

步骤 05 单击"确定"按钮，添加交互后元件效果如图 5-131 所示，使用相同的方法，完成体育新闻热区元件的交互制作，页面效果如图 5-132 所示。

图 5-131 添加交互后元件

图 5-132 完成交互添加

步骤 06 执行"文件 > 保存"命令，将文件保存。单击工具栏中的"预览"按钮，预览效果如图 5-133 所示。

图 5-133 预览效果

提示：在使用"动态面板"元件制作页面时，为了避免多个页面中元素位置无法对齐的情况，可以使用准确的坐标帮助定位。

"动态面板"元件通常需要通过添加交互事件实现各种效果。动态面板的应用非常灵活，制作的效果也是千变万化，接下来通过制作一款网页中常见的产品轮播图效果案例，深层次地理解动态面板的使用技巧。

> 提示：动态面板是唯一可以使用拖动事件的元件。用户可以设置拖动开始时、拖动时、拖动结束时、向左/向右拖动结束时的交互效果。

除了使用从"元件"面板中拖入的方式创建动态面板外，用户还可以将页面中的任一对象转换为动态面板，更加方便用户制作符合自己要求的产品原型。

选中想要转换为动态面板的元件，右击，在弹出的快捷菜单中选择"转换为动态面板"选项，即可将元件转换为动态面板，如图 5-134 所示。

将"动态面板"元件拖曳到页面中创建面板的方法与将页面中内容转换为动态面板的方法，虽然操作顺序不同，但实质上没有区别。

图 5-134　转换为动态面板

扫码看视频

5.7.3　任务实施——设计制作用户购物交互

步骤01　将5-6-3.rp文件打开，双击进入"设计师"页面，选中任一动态面板，如图5-135所示。在"交互编辑器"对话框中添加"鼠标移入时"事件，再添加"设置面板状态"动作，设置动作如图5-136所示。

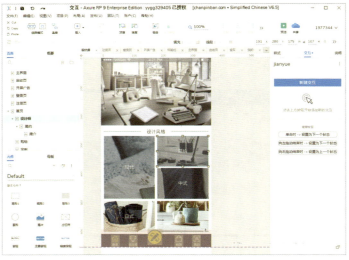

图 5-135　打开文件

步骤02　添加"鼠标移动时"事件，再添加"设置面板状态"动作，设置动作如图5-137所示。添加"单击时"事件，再添加"打开链接"动作，设置动作如图5-138所示。

图 5-136　添加交互

图 5-137　添加交互

图 5-138　添加交互

步骤 03　继续使用相同的方法为其他元件添加交互效果，如图 5-139 所示。进入"购物"页面，选中 pic 元件，在"交互编辑器"对话框中为其添加交互，如图 5-140 所示。

图 5-139　添加交互效果　　　　　　　　　　图 5-140　添加交互

步骤 04　选中页面中的图片元件，如图 5-141 所示。在"交互编辑器"对话框中为其添加"单击时"事件，再添加"显示/隐藏"动作，设置动作如图 5-142 所示。

图 5-141　选中图片　　　　　　　　　　图 5-142　添加交互

步骤 05　在页面空白位置单击，在弹出的"交互编辑器"对话框中添加"页面载入时"事件，再添加"设置面板状态"动作，设置动作如图 5-143 所示。添加"显示/隐藏"动作，设置动作如图 5-144 所示。

步骤 06　将"热区"元件拖曳到页面中，调整大小和位置如图 5-145 所示。在"交互编辑器"对话框中添加交互，如图 5-146 所示。

图 5-143　添加交互

图 5-144　添加交互

图 5-145　使用"热区"元件　　　　　　图 5-146　添加交互

步骤 07 进入"定制"页面，选中"现代"动态面板元件，如图 5-147 所示。在"交互编辑器"对话框中添加"单击时"事件，再添加"设置面板状态"动作，设置动作如图 5-148 所示。

图 5-147 选中元件　　　　　　　图 5-148 添加交互

步骤 08 使用相同的方法为其他元件添加交互，页面效果如图 5-149 所示。执行"文件＞保存"命令，将文件保存。返回"主界面"页面，如图 5-150 所示。

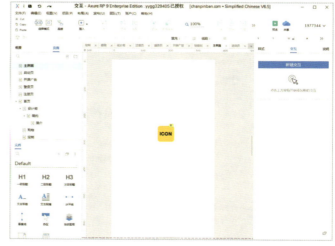

图 5-149 添加交互后页面效果　　　　　　图 5-150 打开主界面

步骤 09 按下组合键 Ctrl+. 预览原型，原型预览效果如图 5-151 所示。

图 5-151　原型预览效果

 **制作动态按钮效果**

"动态面板"元件是 Axure RP 中制作原型交互最重要的工具，合理使用"动态面板"元件可以完成丰富的交互特效，下面完成制作动态按钮的交互效果。

扫码看视频

步骤 01　新建一个 Axure RP 文件，将"动态面板"元件拖曳到页面中并为其添加两个状态，如图 5-152 所示。

图 5-152　使用"动态面板"元件

步骤 02 分别使用"圆形"元件和"图片"元件制作状态页面，如图 5-153 所示。

图 5-153 制作状态页面

步骤 03 在"交互编辑器"对话框中设置鼠标移入时的交互效果，如图 5-154 所示。

图 5-154 设置鼠标移入时的交互效果

步骤 04 在"交互编辑器"对话框中设置鼠标移出时的交互效果，如图 5-155 所示。

图 5-155 设置鼠标移出时的交互效果

5.8 本章小结

本章主要讲解电子商务平台中的交互设计，通过了解交互设计的概念、电子商务中的交互设计、交互设计对用户体验的影响和电子商务的交互逻辑等内容。帮助读者快速掌握电子商务平台交互设计的规则和创建方法。通过完成 3 个工作任务，进一步学习使用 Axure RP 为电子商务产品原型添加交互效果的方法和技巧。

5.9 课后习题

习题答案

完成本章内容学习后，接下来通过几道课后习题，测验一下读者学习电子商务项目交互设计的学习效果，同时加深对所学知识的理解。

5.9.1 选择题

1. 将相似的、有关联的信息尽量摆在一起的设计原则是（ ）。

A. 接近原则 　　　　　　　　　　B. 防错性原则

C. 极简原则 　　　　　　　　　　D. 迭代原则

2. 以下不属于鼠标交互事件的是（ ）。

A. 单击时 　　　　　　　　　　　B. 按下时

C. 移入时 　　　　　　　　　　　D. 旋转时

3. 元件交互样式不包含（ ）。

A. 鼠标悬停 　　　　　　　　　　B. 隐藏

C. 鼠标按下 　　　　　　　　　　D. 选中

4. 动态面板可以增加 （ ）个状态。

A. 一个 　　　　　　　　　　　　B. 三个

C. 四个 　　　　　　　　　　　　D. 无数个

5. 使用动态面板不能实现页面的（ ）动态交互效果。

A. 图片轮播 　　　　　　　　　　B. 鼠标拖曳

C. 查询数据 　　　　　　　　　　D. 屏幕滚动

5.9.2 填空题

1. 交互设计的本质在于_____。

2. 交互设计的核心是"_____"和"_____"两个层面，关注以人为本的用户需求。

3. 登录页面常见的有三种形式：_____登录、_____登录及 _____登录。

4. 动态面板同一时间选择显示_____状态的内容。

5. 在 Axure RP 中，想要达成交互效果，需要包含_____、_____、_____、_____4 个构建模块。

5.10　创新实操

根据本章所学内容，为体育社交 **App** 项目——"拼动动"添加交互效果，具体要求如下：

- 为主页面与各子页面之间添加跳转链接。
- 为各页面中的主要按钮元件添加鼠标箭头悬停效果。
- 利用动态面板为宣传或展示的内容设计动态轮播效果。
- 利用动态面板为长页面添加屏幕滚动效果。